二十四節気や
七十二候を
形にするための
発想と技法

季節の言葉を
表現する
フラワーデザイン

Flower Design for Seasonal Words

新井光史
Koji Arai

誠文堂新光社

はじめに

Prologue

「日本には素晴らしい四季がある」

聞きなれた言葉ですが、実感したのは数年間の海外生活で

南半球に滞在し、真夏の正月を経験してからでした。

それまで日本で暮らしていたときは「酷暑の夏」「極寒の冬」が

早く過ぎないかと思っていました。

しかし、その存在が素晴らしい四季を際立たせると同時に、

豊かな感性で表した「暦」を生み出したのだと感じ、

四季がある日本の文化を大切にしたいと深く思いました。

帰国後、花の仕事を始めてから30年があっという間に過ぎ去りました。

若い頃は西洋的なデザインに憧れ、

日本的なデザインや言葉に無関心でしたが、

年を重ねると、無意識に「和」の要素が

自身のデザインに出てくることに気がつきました。

同時に、先人が大切にしてきた「和の言葉」から発想を広げ、

習得した西洋的装花技術を使い、

「和魂洋才」の精神でデザインができないかと気持ちが動くようになりました。

お客様から商品や装飾のご依頼を受けると、

一般的に手順として考えられるのは、過去の経験からの提案か、

具体的な画像等を共有して進めることです。

時間の短縮にもなり効率はよいのですが、

完成品は予定調和で感動が少なく感じます。

時間はかかりますが、「言葉」から発想を熟成させれば、

心が動く「花」になると考えました。

本書では、日本に古くから伝わる

二十四節気や七十二候をはじめ、

俳句や詩歌に使われる季語など季節を表す

和の言葉をテーマに、フラワーデザインを構築するための

発想と技法を季節別に紹介しています。

ご自身のデザインにマンネリを感じている方、

特定の花材に縛られずにデザインで「和」の季節感を出したい方、

季節の情景を花で具現化したい方、

そして花を愛するすべて方にとって役立つ書となれば幸いです。

目次

Contents

季節の言葉をフラワーデザインとして具現化するためのプロセス

二十四節気や七十二候などの季節を表現する言葉から、どのように発想を広げて、フラワーデザインとして具体的に形にするのか、その方法を解説します。
二十四節気と七十二候については、P.10で説明しています。

Step 1 ― Theme

軸となる言葉を選び、テーマを決める

発想の起点を具体的なビジュアルイメージから始めると、一度頭に刷り込まれた映像の印象から抜け出せず、最後まで引きずってしまうことが多くあります。その点、言葉から発想を広げると、イメージが頭の中を浮遊してどの方向へ行くのか見当がつかず、予想外の新しいデザインになる可能性があります。軸となる最初の言葉を選んだら、まずは言葉だけでイメージを紡ぎ、デザインのテーマを決めていきましょう。例えば、3月前半を表す二十四節気の「啓蟄《けいちつ》」を軸とした場合、その次候である七十二候の「桃《もも》始《はじめて》笑《さく》」は「桃」という花が入っているのでテーマの第一候補となります。それ以外にも、「目覚め」「冬眠」「大地」「誕生」「動き出す」「春の訪れ」「温かい日差し」など、この季節に関連する言葉を一つずつメモ用紙や付箋に書き出し、机の上に並べます。最初に選んだ軸となる言葉「啓蟄」の周りを囲むように選んだ言葉を並べ、しばらく考える時間をとります。そして特に気に入った言葉を選び、作品のテーマとします。言葉もアイデア同様、書き出して視覚化しないと記憶にとどまりません。言葉を並べて可視化することで、自分の一番言いたいことや表現したいことが浮かび上がってくる効果もあります。

Step 2 ― Concept

コンセプトを決める

続いて、コンセプトを決めます。例えば「桃始笑」を選び、テーマを「桃が咲き始める季節」に決めた場合は、これを軸に「微笑み」「ピンクグラデーション」「丸い形状」「優しい視線」「開花する」「枝物」「楽しい動き」「温かい空気感」など、思いついた言葉を一つずつメモ用紙や付箋に書いて机に並べます。次に、言葉が持つイメージを感じる「素材」を書き出します。例えば「枝物」の場合は、制作時に入荷でき、選んだすべての言葉に合う印象を持つ花材を素材として書き出します。「丸い形状」の場合は、形を表現するテクニックやデザインが素材となります。ドーム、リークル、リース、ファンなどが思い浮かぶでしょう。「ピンクグラデーション」という言葉からは、色の明度と彩度のバランスや、アクセントで挿し色を少しプラスするのかまでイメージを広げます。
時間に余裕があれば、言葉を書いた紙をクリアファイルに入れ、何日か寝かせて再考するのも、新しい発想が浮かぶきっかけになるのでお勧めです。
ここまでのプロセスは、ビジネス発想法でおなじみのKJ法※、マンダラート※などを参考にしました。

※ KJ法は川喜田二郎がデータをまとめるために考案した手法。マンダラートは今泉浩晃が考案した思考を深める方法。

Step 3 ═ Visuals

参考ビジュアルを選ぶ

この段階で、はじめて言葉をビジュアルに変換します。選んだ言葉から、フラワーデザインの参考となる画像を選びます。方法としてもっとも便利なのは、インターネットで探すことです。選んだ言葉を入力して検索し、上がってきた画像の中から琴線に触れたものを取捨選択し、保存します。

時間があれば、季節の風景写真集や風景画家の作品集、スマートフォンで撮影して保存しておいたお気に入りの風景をながめたり、SNS等から探すのもよいでしょう。

選んだビジュアルを検討する際は、サムネイルにしてパソコンの画面上で一覧できるようにするか、選んだすべての写真をプリントアウトし、机の上に並べる方法があります。その中から、最初に決めたテーマ、次に決めたコンセプトに沿ったもので、作品を作るうえで心動かされる画像を選択するとよいでしょう。最近デザインがマンネリでスランプ気味と感じたら、選んだビジュアルを性別年齢問わず多くの人に見てもらい意見を聞くのもよいでしょう。凝り固まった頭を溶かすために有効な手段です。

Step 4 ═ Rough sketches

ラフスケッチを作成する

選んだビジュアルを組み合わせたり分解したりして頭の中で完成させたイメージを、ラフスケッチにします。最終段階で大切な3つの要素である色、花材、デザイン・テクニックを決めていくにあたり重要な作業です。スケッチに起こすことで「点」が「線」になり、「立体」の輪郭が見えてきます。

スケッチは3段階に分けて描きます。最初のスケッチは勢いを大切に、1枚に10分もかけず、数を意識して多くのパターンを作成します。強いこだわりがなければ着色はしません。数枚のスケッチの中で気に入ったものの中から一枚選ぶか、複数のスケッチのよい点を組み合わせて一枚にします。

第2段階では、実際のスケールに合わせて花材とテクニックを決めます。ポイントは、実寸にできるだけ近い比率のスケッチにすることです。イメージ先行で描くと、本来は直径3cmしかない花が実際にはあり得ない大きさになるなどし、スケッチが素敵でも完成した作品は不格好になってしまいます。あるフラワーデザイナーは、大きな作品を考える際には1畳ほどの模造紙に実際の花の寸法で描くと聞きました。そこまでの必要はなくても、正確な縮尺は重要です。

彩色の前に、黒白でコピーを数枚とっておくと、色合いのバリエーションを増やすときに便利です。

最後に具体的な花材と色合いを決めますが、この段階でまだしっくりこなければ、先送りします。

完成品は立体なので、スケッチの正面図はもちろん、側面と俯瞰から見たものを合わせて3枚描きます。よりリアルな完成イメージはパソコンのソフトを活用すれば制作可能です。

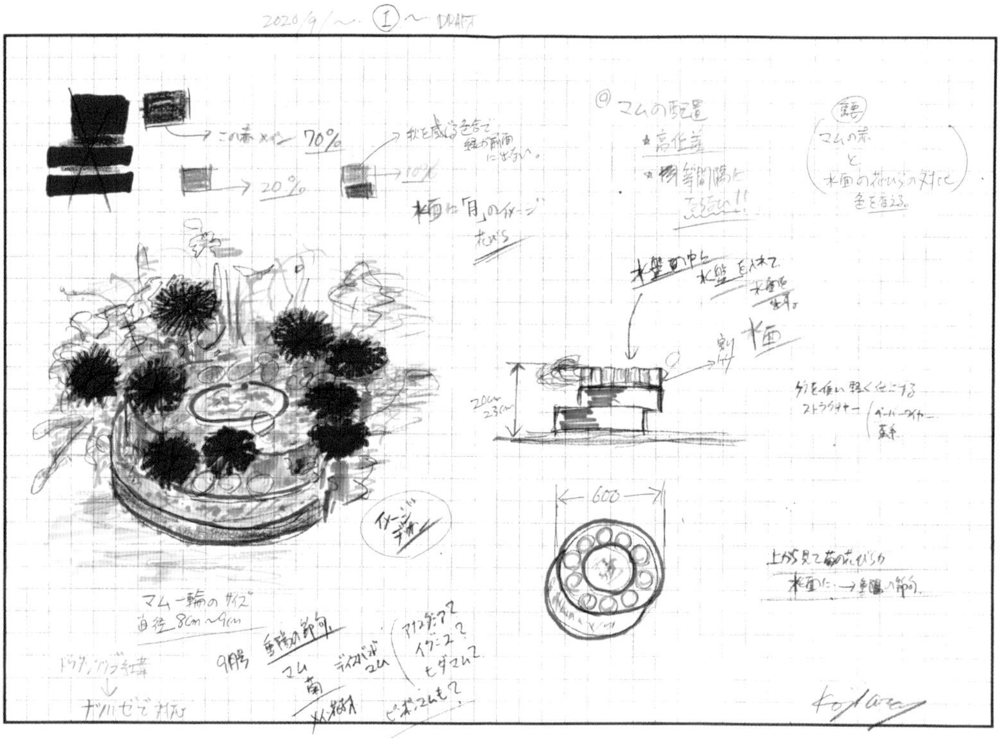

P.76の「重陽の節句」のラフスケッチ。手を動かしながらスケッチを描いていると色々なアイデアや発想が湧き出てきます。思いついたことは、どんなことも迷わずメモしましょう。湧き上がった発想を声に出して呟くことも一案です。耳から入った言葉の印象が、デザインにつながることもあります。

Step 5 — Composition

ラフスケッチをもとに作品を構成する

1　色を決める

花の一番の魅力は何?と聞かれたら迷わず「色」と答えます。極論を言えば、フラワーデザインは色の組み合わせさえうまくいけば80%は素敵に仕上がります。最初に、ラフスケッチをもとに作品の第一印象で感じてほしいメインカラーを決めます。次にメインカラーの彩度と明度のバランスを考えて全体の色調（トーン）をイメージします。例えば、P.90では二十四節気の「寒露《かんろ》」をテーマとし、コンセプトを「秋露と山々が色づく初秋の風景を実もので表現する」としています。この場合、初秋の葉は完全な紅葉までは色づかないため、オレンジから黄色のグラデーションに設定しました。秋らしい彩度が低い葉を中心にまとめ、その中に彩度が高い実ものを入れて調和させます。
ブドウなど房状の実は一粒一粒に色の濃淡があり、作品の大きな魅力になります。植物の色は単純に何色と言い表せない場合がほとんどで、一つの素材にさまざまな色みを含んでいます。ここが、植物素材を使うフラワーデザインの醍醐味でしょう。

2　花材を決める

選んだビジュアルの中に具体的な花材がある場合は、それを使うのが一般的です。入手できない場合は、別の花材を使ってイメージを具現化することもできます。
P.12の作例「桃始笑」では、テーマとなった言葉に「桃」という具体的な花材が入っていますが、制作時期に桃の入手が困難でした。そこで、桃と似たような色やイメージがある梅を使用し、作品全体の色みでこの季節の雰囲気を演出しています。
同じ色みを持つ花でも、テクスチャーによって使用する季節を選ぶことが大切です。例えば、うぶ毛が生えたようなフェルトに似た温かみのある質感を持つケイトウは、秋から冬に向く花材です。
また花材の持つ個性的な線や、輪郭も見逃してはなりません。例えばトクサやフトイなど直線的な花材は、数を使用して立体的な形に挿すことで幾何学的な造形を作ることができます。アンスリウムなら、ハートという象徴的な形を利用して、メッセージ性を打ち出すことも可能です。
花材（役者）の個性はフラワーデザイナー（演出家）にとって重要な要素です。主演、助演、脇役などの持ち味を十二分に引き出してみてください。

3　デザイン・テクニックを決める

一見、植物で形にできそうもないデザインのアイデアを見つけるには、発想を柔軟にすることが大切です。日常で気になったり感動したことがあれば「なぜ、そのことが気になったのか?」と深堀りしましょう。何気なく過ぎていく日常は発想の宝庫です。意識して「観る」のと、ぼんやり「見る」のでは天と地ほどの差があります。好奇心のおもむくまま、植物以外の知見を増やしましょう。そうすれば、例えば氷を表現するのにワックスを使うとか、スプレーのりとグラニュー糖で霜のイメージを出すというようなアイデアも湧くようになります。
フラワーデザインの基本的なテクニックも重要です。スパイラルの花束は、結束部分より下の茎の美しさも考慮すると美的完成度が上がり、さらに透明なガラスに生けたときに軽やかさが表現できます。柳の枝などでストラクチャーを作る場合は、ワイヤーを使って固定することで、テーマとなる言葉を想起させる象徴的な形も自由に作れます。サンキライの赤い実は、一粒ずつ雫のようにグルーで接着すれば、時間の経過で果実が落ちていく様子を表現できます。
テクニックの習得は、イメージを具現化するための引き出しを増やすことにつながります。優秀な料理人は素材の持ち味を熟知し自由な発想で調理できる人です。フラワーデザイナーも、柔らかい発想と最適なテクニックを用い、素材である植物の魅力を引き出すことが大切です。

二十四節気と七十二候一覧

二十四節気は1年間を24等分して季節の変化を表現した中国から伝わる暦で、太陽の動きをもとに定められており、古くは農作業の目安にもなっていました。
七十二候は、この二十四節気をさらに3等分したもので、気候や動植物の変化が短い文で表されています。
七十二候も中国から伝わったものですが、日本の気候風土に合わせ、江戸から明治時代に改訂されています。

※本書では、3～5月を春、6～8月を夏、9～11月を秋、12～2月を冬と分類しているため、以下の暦と一部季節が異なります。

季節	二十四節気	七十二候		
春	立春［りっしゅん］	初候	1	東風解凍［はるかぜこおりをとく］
		次候	2	黄鶯睍睆［うぐいすなく］
		末候	3	魚上氷［うおこおりをいずる］
	雨水［うすい］	初候	4	土脉潤起［つちのしょううるおいおこる］
		次候	5	霞始靆［かすみはじめてたなびく］
		末候	6	草木萌動［そうもくめばえいずる］
	啓蟄［けいちつ］	初候	7	蟄虫啓戸［すごもりのむしとをひらく］
		次候	8	桃始笑［ももはじめてさく］
		末候	9	菜虫化蝶［なむしちょうとなる］
	春分［しゅんぶん］	初候	10	雀始巣［すずめはじめてすくう］
		次候	11	桜始開［さくらはじめてひらく］
		末候	12	雷乃発声［かみなりすなわちこえをはっす］
	清明［せいめい］	初候	13	玄鳥至［つばめきたる］
		次候	14	鴻雁北［こうがんかえる］
		末候	15	虹始見［にじはじめてあらわる］
	穀雨［こくう］	初候	16	葭始生［あしはじめてしょうず］
		次候	17	霜止出苗［しもやみてなえいずる］
		末候	18	牡丹華［ぼたんはなさく］
夏	立夏［りっか］	初候	19	蛙始鳴［かわずはじめてなく］
		次候	20	蚯蚓出［みみずいずる］
		末候	21	竹笋生［たけのこしょうず］
	小満［しょうまん］	初候	22	蚕起食桑［かいこおきてくわをはむ］
		次候	23	紅花栄［べにばなさかう］
		末候	24	麦秋至［むぎのときいたる］
	芒種［ぼうしゅ］	初候	25	螳螂生［かまきりしょうず］
		次候	26	腐草為螢［くされたるくさほたるとなる］
		末候	27	梅子黄［うめのみきばむ］
	夏至［げし］	初候	28	乃東枯［なつかれくさかるる］
		次候	29	菖蒲華［あやめはなさく］
		末候	30	半夏生［はんげしょうず］
	小暑［しょうしょ］	初候	31	温風至［あつかぜいたる］
		次候	32	蓮始開［はすはじめてひらく］
		末候	33	鷹乃学習［たかすなわちわざをならう］
	大暑［たいしょ］	初候	34	桐始結花［きりはじめてはなをむすぶ］
		次候	35	土潤溽暑［つちうるおうてむしあつし］
		末候	36	大雨時行［たいうときどきふる］

季節	二十四節気	七十二候		
秋	立秋［りっしゅう］	初候	37	涼風至［すずかぜいたる］
		次候	38	寒蟬鳴［ひぐらしなく］
		末候	39	蒙霧升降［ふかききりまとう］
	処暑［しょしょ］	初候	40	綿柎開［わたのはなしべひらく］
		次候	41	天地始粛［てんちはじめてさむし］
		末候	42	禾乃登［こくものすなわちみのる］
	白露［はくろ］	初候	43	草露白［くさのつゆしろし］
		次候	44	鶺鴒鳴［せきれいなく］
		末候	45	玄鳥去［つばめさる］
	秋分［しゅうぶん］	初候	46	雷乃収声［かみなりすなわちこえをおさむ］
		次候	47	蟄虫坏戸［むしかくれてとをふさぐ］
		末候	48	水始涸［みずはじめてかるる］
	寒露［かんろ］	初候	49	鴻雁来［こうがんきたる］
		次候	50	菊花開［きくのはなひらく］
		末候	51	蟋蟀在戸［きりぎりすとにあり］
	霜降［そうこう］	初候	52	霜始降［しもはじめてふる］
		次候	53	霎時施［こさめときどきふる］
		末候	54	楓蔦黄［もみじつたきばむ］
冬	立冬［りっとう］	初候	55	山茶始開［つばきはじめてひらく］
		次候	56	地始凍［ちはじめてこおる］
		末候	57	金盞香［きんせんかさく］
	小雪［しょうせつ］	初候	58	虹蔵不見［にじかくれてみえず］
		次候	59	朔風払葉［きたかぜこのはをはらう］
		末候	60	橘始黄［たちばなはじめてきばむ］
	大雪［たいせつ］	初候	61	閉塞成冬［そらさむくふゆとなる］
		次候	62	熊蟄穴［くまあなにこもる］
		末候	63	鱖魚群［さけのうおむらがる］
	冬至［とうじ］	初候	64	乃東生［なつかれくさしょうず］
		次候	65	麋角解［さわしかのつのおつる］
		末候	66	雪下出麦［ゆきわたりてむぎのびる］
	小寒［しょうかん］	初候	67	芹乃栄［せりすなわちさかう］
		次候	68	水泉動［しみずあたたかをふくむ］
		末候	69	雉始雊［きじはじめてなく］
	大寒［だいかん］	初候	70	款冬華［ふきのはなさく］
		次候	71	水沢腹堅［さわみずこおりつめる］
		末候	72	鶏始乳［にわとりはじめてとやにつく］

春

Spring

桃始笑

山笑う

菜虫化蝶

桜始開

牡丹華

立夏

三月

March

桃始笑 —— ももはじめてさく

［ 七十二候第八候 ］

冬眠していた生き物たちが目覚め、活動を始める3月前半を指す二十四節気の「啓蟄《けいちつ》」。その次候にあたる七十二候の「桃始笑」は桃が開花する頃を表す言葉で、「笑」は「咲」の古字にあたります。森羅万象が暖かな日差しを浴びて微笑んでいるように感じられるこの季節を、桃色（ピンク）の花をふんだんに使った愛らしい花束で表現しました。デザインの参考にしたのは千代紙の柄です。

春らしい色みの千代紙をデザインの参考に。ピンクの花を中心に白梅を合わせ、茶色は白梅の枝で表現。

Idea Process

発想のプロセス

季節の言葉	桃始笑
↓	
テーマ	桃が咲き始める季節を表現する
↓	
コンセプト	「笑」は「咲」の古字であることから、 微笑みがこぼれるような愛らしい花束を制作
↓	
色	愛らしい桃色（ピンク）のグラデーション。 千代紙の柄（P.13）をヒントに
↓	
花材	バラやラナンキュラスなどピンクの花に、 枝ぶりが繊細な白梅を合わせて季節を表現
↓	
デザイン・テクニック	ピンクの花で自然な凹凸のあるラウンドを作り、 色のグラデーションを実現。 白梅の枝の線で動きを出す

Flower & Green

●丸葉ルスカス ●パンジー‘レッドレオパード’ ●アネモネ‘モナーク’ ●アイビー（スタンカーマイン、ほか） ●ラナンキュラス（シャルロット、ロンシャン、ほか） ●カーネーション‘マリポサ’ ●バラ（ラディッシュ、環） ●マメノハナ ●スイートピー‘シルキーピーチ’ ●レモンリーフ ●ウメ

How to Make

1

花束の中心を作る。束ねる手法はスパイラル。バラ‘環’をセンターにし、バラ‘ラディッシュ’、パンジー、アイビー、マメノハナ、小ぶりのルスカスを周囲に入れる。小輪のピンクのアネモネをバラに添わせて変化を出す。

2

1のセンターのバラを囲むようにして、バラ‘環’3本を三角形を構成する位置に組む。マメノハナ、アイビー、小ぶりのルスカスをクッションにしながら、淡いピンクのラナンキュラス、カーネーションも、それぞれ‘環’同様にセンターを囲んで三角形を構成するように入れる。

3

バラ‘ラディッシュ’を間に入れながら、ラナンキュラス3本をセンターのバラを囲んで三角形を構成する位置に入れる。

Point

バラ、ラナンキュラス、カーネーションは形が似ているため、離してランダムに配置し、それぞれが目立つようにする。

4

クッショングリーンにバラ‘ラディッシュ’やパンジーを混ぜながら、カーネーション3本を中心を挟んで三角形を構成する位置に入れる。ラウンドの花束なので、真上から見たときに正円に近い形に組むことを意識する。

おもな花材がすべて入った状態。花束の中心部分が完成。ここからは花束が180度展開するように花材を周囲に入れていく。

5

白と紫のアネモネ、パンジー、スイートピー、ラナンキュラス‘ロンシャン’を足しながら花束を広げる。

Point

枝分かれしているパンジーは形をうまく利用して、茎の間の空間を埋めるように使用するとよい。

6

How to Make

7

ラナンキュラス‘シャルロット’を2本、花束の輪郭に沿って離して入れる。中心に配置すると目立ちすぎるので、この段階で入れる。

8

白いアネモネも離して入れる。白い色がかたまると全体のピンクの印象が薄くなるため。

9

動きと軽さを出すためのマメノハナは飛び出すように入れると効果的。アイビーは、隙間があるところに入れると花束の輪郭が整う。

ウメとレモンリーフ以外の花材が全部入った。この段階で麻紐で結束。ピンクの色のグラデーションの中で、白と紫のアネモネやパンジー、えんじ色のアイビーがアクセントに。

11

10

180度まで展開したら、花を保護する役割としてルスカスを根元に1周配置。細かい葉がたくさんつき、硬さもある葉物で支える。

Point

横から見たとき花束の底辺ができ、輪郭がきれいな半円を描いていることが重要。

12

ウメの枝を10本、ルスカスの葉の間に固定させるようにしながら周囲に入れる。

Point

太陽に向かって成長するイメージで高さと横に広がる動きを出す。

13

ウメの枝を保護し、花束の底辺を美しく処理する役割としてレモンリーフを根元に1周入れ、麻紐で結束する。

14

ウメの枝の先端の向きを手で微調整する。横になっている小枝は起こして動きを出す。完成。

‖ 花材を足し引きして印象を変える ‖ 冬の名残を意識したアレンジメント

P.12の花束でテーマにしたピンクに白とグリーンを合わせて「冬と春の境目」を表現。トクサとユウギリソウで囲いを作り、花束から選んだ花とランを手前に低くマスでアレンジ。みずみずしい緑の間から花が開花する様子を表しました。高く構成した白梅が冬の名残りを、アオモジの蕾が春を予感させます。

Flower & Green

●パフィオペディルム2種 ●コチョウラン3種 ●パンジー‘レッドレオパード’ ●マメノハナ ●アネモネ‘モナーク’ ●カーネーション‘マリポサ’ ●バラ‘ラディッシュ’ ●ラナンキュラス ●トクサ ●ユウギリソウ‘ジェイド’ ●ウメ ●アオモジ

三月

March

山笑う ── やまわらう

［ 春の季語 ］

「山笑う」は春の季語として俳句などで使う言葉です。新芽が芽吹いて花が咲き始め、山が色とりどりに変化する風景を指します。冬の間は枯れて寂しげだった山が色づいた様子は山が笑っているようでもあり、また、春の訪れによって表情がほころび、微笑みとなって表れる人の気持ちを表現しているようでもあります。春の花を三角形にアレンジし、色づく山と心躍る季節を演出しました。

冬の間は枯れた色だった山に花が咲き始め、色づいていく自然風景から着想を得て制作。花はピンクの濃淡をメインに構成している。

Idea Process

発想のプロセス

季節の言葉	山笑う
↓	
テーマ	山の木々の新芽が芽吹き花咲く季節を表現する
↓	
コンセプト	春の訪れにより人が喜ぶ様子と 色づく山の風景をアレンジメントで見せる
↓	
色	ピンクの濃淡に黄色を混ぜ、 黒や紫をアクセントに全体を引き締める
↓	
花材	複色のラナンキュラスや八重咲きのチューリップなど 春ならではの花材を選択
↓	
デザイン・テクニック	トライアンギュラーを現代風にアップデート。 メインの花は決めずに複数焦点で構成。風が通るような軽やかで自然な雰囲気に

Flower & Green

●カンガルーポー ●ラナンキュラス（ララーシュ、ほか） ●パピルス ●ヤグルマギク2種 ●六条ムギ ●トキワイチゴ ●ベロニカ ●リューココリーネ‘カラベル’ ●アオモジ ●ポピー ●スコッチシダ ●キルタンサス ●アグラオネマ ●ラナンキュラス（タイタン、エルファード、ララーシュ） ●カランコエ‘アップルキッズ’ ●アスパラガス ●ハゴロモジャスミン ●ツルグミ ●ハーブゼラニウム ●カラー‘メモリーズ’ ●チューリップ（フラッシュポイント、クイーンズランド、ダブルプリンセス） ●ラケナリア2種 ●スイートピー ●パンジー ●シキミア ●ダイヤモンドリリー ●スカビオサ ●アイリス‘ブルーマジック’ ●アストランチア ●アカシア ●オレアリア ●リキュウソウ ●石化エニシダ ●宿根スイートピー（以上、2点写真外）

How to Make

1

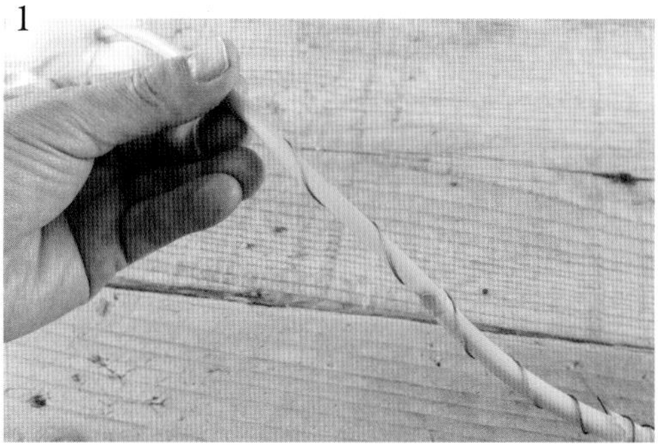

構成は複数焦点。成長するチューリップは、伸びていく方向を固定するため、あらかじめ＃24のワイヤーを茎に螺旋状に巻いておく。

2

器に吸水させたフローラルフォームをセット。石化エニシダ、六条ムギ、パピルス、宿根スイートピーなど長い花材を配してアレンジメントの高さを決める。

Point

ツルグミは少し離れた位置に挿して変化を出す。左右対称にしないことが重要。

3

アスパラガスは軽やかな印象になるように間引きし、アカシアとともに三角形の底辺となる部分に挿す。頂点と底辺を結ぶ線上にスイートピーやパンジーなどの花の小さい材料を挿し、三角形のアウトラインを構成する。

4

三角形のアウトラインを構成する位置にチューリップを入れる。成長する空間を考えて配置する。

5

三角形を意識しながら、手前にも段差をつけて花材を入れる。無理に形を作ろうとはせず、背の高いものや茎がまっすぐな材料を選び、その特徴を生かして配置。

Point

中心軸を挟んで対称となる場所に同じ花を入れないように留意し、自然な雰囲気を作る。

How to Make

6

フォーカルエリアを作る。同じ花が隣り合わないようにし、ラナンキュラスやチューリップなど春を象徴する花材は目に入りやすい場所に挿す。

Point

花の向きは揃えすぎるとかたい印象になるため、わざと崩すなどして全体の表情をやわらげる。

7

根元を埋める。シキミアは、春の花とのコントラストをつけるための花材なので、奥に沈めて挿す。翡翠色のラケナリアは、黄色やオレンジの花の近くに配して色を際立たせる。

8

ハゴロモジャスミンは動きを出すための花材。Uピンで固定して方向を決めてもよい。

9

根元には茎の短い花のほか、作業中に折れてしまったものや剪定して出た枝や葉物などを挿す。

10

トキワイチゴを入れて下への流れを作る。やや手前に左右の長さを変えて挿す。完成。

‖ 花材を足し引きして印象を変える ‖

春の息吹を表現した花束

P.18のアレンジメントと同じ花材をメインにして花束を制作。ドライになったスマイラックスをパーツとして組み入れ、枯れたところから咲き誇る春の花の生命力を表現しました。アカシアやツルグミ、ホルジウム・ジュバタムで広がりと動きを出し、自然の印象を取り入れています。

Flower & Green

●アオモジ ●ゼラニウム ●ホルジウム・ジュバタム ●オレアリア ●パンジー ●ラナンキュラス（タイタン、エルフォード、ララーシュ、ほか）●ツルグミ ●ベロニカ ●カランコエ‘アップルキッズ’ ●チューリップ（フラッシュポイント、クイーンズランド、ダブルプリンセス）●ダイヤモンドリリー ●コロニラ ●リューココリーネ‘カラベル’ ●ワックスフラワー ●宿根スイートピー ●キルタンサス ●シキミア ●ヤグルマギク ●ラケナリア ●ナズナ ●エノコログサ ●アカシア ●スマイラックス（ドライ）

ドライになったスマイラックスはスプレー糊で貼り合わせて好みの形に整え、＃24ワイヤーを掛けてテーピングし、脚を付ける。ここに細かい枝やグリーンなどをグルーで貼り付けると表情が出る。

菜虫化蝶 ══ なむしちょうとなる

[七十二候第九候]

二十四節気の「啓蟄」の末候「菜虫化蝶」から着想を得て制作。春の日差しを受け、野原を自由に飛び回るチョウたちの幻想的な情景を、動きのある春の花で表現しました。カレックスを冬の枯れ草に見立て、その間から植物が芽吹く様子も見せています。

Flower & Green　●チューリップ（バレリーナ、オレンジプリンセス）●リューココリーネ‘クリスタルブルー’ ●クレマチス‘ブルーピルエット’ ●ポピー ●アネモネ‘モナーク’ ●アマリリス‘タランチュラ’ ●ルピナス‘ピクシーデライト’ ●パンジー‘カルメン’ ●プロテア・コルダータ ●カレックス ●ミモザ

Idea Process

発想のプロセス

季節の言葉　菜虫化蝶

↓

テーマ　青虫がチョウになり、飛び交う季節を表現

↓

コンセプト　花から花へと舞うチョウの様子（写真）をフラワーデザインで見せる。日差しを感じる躍動感のあるアレンジメントに

↓

色　黄色とオレンジを中心に

↓

花材　ユリ咲きのチューリップや細く尖ったアマリリスなど動きのあるものを。ワイヤーで束ねたカレックスで冬の名残を表現

↓

デザイン・テクニック　モダンでシンプルな花器に生け、花色と動きを際立たせる。高低差をつけ、花の向きをあちこちに向けて賑やかな雰囲気に

‖ 花材を足し引きして印象を変える ‖

黄色の春を予感させる花束

P.24のアレンジメントからメインの花を抽出して花束に。動きを強調したアレンジメントに対し、こちらは色を見せています。ミモザをグルーピングで入れ、黄色の春の印象を強め、これとバランスをとるためにヒメミズキを配置。パーツにしたカレックスとともにまだ残る冬の寒さを表現しました。

Flower & Green

●アマリリス‘タランチュラ’ ●ミモザ ●チューリップ（バレリーナ、オレンジプリンセス）●スイートピー ●ポピー ●リューココリーネ‘クリスタルブルー’ ●ヒメミズキ ●アネモネ‘モナーク’ ●パンジー‘レッドレオパード’ ●カレックス

3月21日頃を指す二十四節気の「春分」の次候である、七十二候の「桜始開」。日本人の誰しもに思い出がある桜は、本格的な春の到来を象徴する特別な花です。全国各地から桜の便りが聞こえる季節をイメージしてアレンジメントを制作しました。桜の力強い枝のラインに、軽やかで明るい春の訪れを感じさせる草花系の花を合わせ、黄色で始まった春がピンク色へと移りゆく風景を表現しています。

四月 April

桜始開 ── さくらはじめてひらく

[七十二候第十一候]

梅やレンギョウ、ボケ、桃、桜などの春の花々が一斉に咲き誇る、福島県花見山公園の風景をデザインの参考に。

Idea Process

発想のプロセス

季節の言葉
桜始開

↓

テーマ
桜が咲き始める季節を表現する

↓

コンセプト
本格的な春の到来を思わせる軽やかで明るい風景をアレンジメントで表現。
福島県花見山公園のイメージ（P.27）を参考に

↓

花材
桜は枝の形と動きに面白みのあるカワヅザクラとオカメザクラを選択。
サンシュユ、ユキヤナギ、キバデマリと、
明るい草花系の花を合わせる

↓

色
黄色とピンクのグラデーション

↓

デザイン・テクニック
壁を背景に飾ることを想定して三方見で作り、
光が差す方向へ伸びていくようにアレンジ。
この季節ならではの植物の色と動きの美しさを楽しめる構成に

Flower & Green

●カランコエ（グリーンアップル、ほか1種）●ナノハナ ●キバデマリ ●スイセン‘テタテタ’ ●クレマチス（葉）●ゲーラックス ●サンシュユ ●エピデンドラム ●フリチラリア・メレアグリス ●ラナンキュラス（シャウエン、バスティーユ、アリアドネ）●ウエストリンギア ●カワヅザクラ ●ナデシコ ●スノーフレーク ●ムギ ●アリウム‘スネークボール’ ●ラグラス‘バニーテール’ ●ユキヤナギ ●レモンリーフ ●ゼンマイ ●ミントブッシュ‘モンシェリー’ ●オカメザクラ

How to Make

1

吸水させたフローラルフォームをセットした器を用意。花がたくさん付き、枝の真っすぐなサクラをやや左斜めに傾くように中央に配置し、高さを決める。根元にはレモンリーフやウエストリンギアなどのグリーンをある程度挿しておく。

2

1の右側に、枝の形や花の付き方がパズルのようにはまる枝を2本目として配置し、両側にもサクラを挿す。この段階で、ナノハナやラナンキュラス、スイセンなども中段の奥に数本挿す。

3

両側にサクラを挿して広げる。左から光が差していることを想定し、その光に向かって伸びていくような枝を選んで配置する。

4

サクラがほぼ全て入った状態。これでアレンジメントの形が決まった。

Point

サクラは、上に伸びたり横に広がるなど、枝それぞれに特徴がある。その枝ぶりを見極め、どの場所に配置するかをあらかじめ決めておくとよい。また枝には表と裏があるので、表が手前に向くように挿すと全体の形が自然に決まる。

サクラ以外の枝物を加える。ユキヤナギは枝ぶりを生かして左側に張り出すように配置する。

5

6

枝が真っすぐで黄色い花が象徴的なサンシュユは中央に挿す。キバデマリは矯めて動きを出し、曲線のラインを生かして配置する。

How to Make

7

そのほかの特徴のある花材を入れる。アリウム‘スネークボール’は、形が生きるように左下の根元近くに挿す。色と形で変化を出すためのカランコエは、目立ちすぎないように全体にバランスよく配置する。

8

これでアレンジメントのイメージが決まった。中段の奥には、このあと手前に挿していく花と色をつなぐためのナデシコを数本入れておく。

Point

左に流れる構成にすることで、光が差し込んでいるような印象になる。

9

中段に残りの花とグリーンを配置する。同じ色や種類の花材が並ばないようにし、ゆるく高低差をつけて配置する。

Point

花を奥に挿すときは茎が折れやすくなるので、両手でしっかり持って行う。

10

短いサクラの枝も、形がうまくはまる場所を見つけて入れる。ここでは手前中央から挿し、右側にカーブした枝を効果的に見せるようにしている。

11

中段に花材が入った状態。小さい花で構成するこの部分がビジュアルフォーカルポイント。続いて、下段を短い花やグリーンで埋めていく。

12

色が集まりすぎていたり、空間がある場所にはグリーンを挿す。剪定後の短いキバデマリも、春らしい黄緑の新芽の表情を生かして入れる。

13

球根付きのスイセンやフリチラリアには竹串を挿して脚を作り、配置。

Point

球根は春を象徴する花材なので、見え隠れするように入れると効果的。

14

茎を短くカットした花を根元に入れ、フローラルフォームが見えないようにグリーンを挿して完成。

‖ 花材を足し引きして印象を変える ‖ 桜の美しさを見せる花束

P.26のアレンジメントのイメージを、桜とユキヤナギをメインに少量の花を合わせて表現。桜は、花付きのよいケイオウザクラの細い枝を使用。横の広がりと空間をP.26で使ったオカメザクラの切り落とした脇枝で作りました。ラグラスの質感と、エピデンドラムの黄色が春らしさを強調します。

Flower & Green

●ケイオウザクラ ●オカメザクラ ●ユキヤナギ ●ナデシコ ●エピデンドラム ●ラグラス

四月

April

牡丹華 ━━ ぼたんはなさく

［七十二候第十八候］

二十四節気で4月20日頃を指す「穀雨《こくう》」の末侯である七十二侯「牡丹華」を表現。「百花の王」と呼ばれる牡丹1輪の凛とした美しさを引き立てたいと考えたアレンジメントです。周囲に芽吹いたサンゴミズキを配し、王とそれに仕える従者のイメージに仕立てています。

Flower & Green ●クリスマスローズ‘氷の薔薇メルロー’ ●オンコステレ ●ボタン ●サンゴミズキ

Idea Process

発想のプロセス

季節の言葉
牡丹華

↓

テーマ
4月から梅雨にかけて開花する牡丹（写真）の美しさを表現する

↓

コンセプト
市場から仕入れて自然に芽吹いたサンゴミズキの新芽の、
春らしい色みを牡丹に合わせたいと発想。牡丹1輪の凛とした姿が主役

↓

花材
牡丹とサンゴミズキにクリスマスローズとオンコステレを合わせ和モダンに

↓

色
牡丹とサンゴミズキのピンクと赤

↓

デザイン・テクニック
サークルの中心に空間を作り、周囲には新芽付きの枝を2ヵ所入り口を設けて
リース状に配置。クリスマスローズとオンコステレを内側に挿し、
中をのぞき込むと発見がある構成に。

‖ 花材を足し引きして印象を変える ‖

牡丹の艶やかさを花束に

牡丹をコンパクトな花束に。その艶やかな姿を引き立てるため、茎を長く使用してインパクトを持たせています。牡丹2輪にシックな色みのクリスマスローズと、個性的なラナンキュラスとオンコステレを合わせてパラレルで組み、色に陰影をつけました。

Flower & Green

●ボタン ●クリスマスローズ‘氷の薔薇メルロー’ ●ラナンキュラス（シャウエン、ララーシュ）●オンコステレ ●エピデンドラム

5月初旬から中旬を指す二十四節気の「立夏」。夏の始まりを表し、空は青く爽やかで新緑は目に眩しく、過ごしやすい季節です。この時期に旅行先で目にした、対になって成長するような2本の樹木から着想を得てアレンジメントを制作しました。トクサを木々に見立て、日ごと濃くなる新緑の様子を表現しています。間を心地よい初夏の風が通り抜けるようなイメージでデザインしています。

五月

May

立夏《りっか》

[二十四節気-5月5日頃-]

岐阜の山奥で見て気になり、撮影した写真を参考ビジュアルに。2本の樹木の形が面白く、発想の源になった。

Idea Process

発想のプロセス

季節の言葉	立夏
テーマ	夏の始まりの季節を表現する
コンセプト	新緑を表現。岐阜の山奥で見た樹木（P.35）の姿をアレンジメントに取り込む
色	グリーンと白
花材	トクサを木々に見立て、日ごと濃くなる新緑の様子を表現。 初夏の日差しにきらめく若葉の印象を、 ビバーナム・スノーボールと白いクレマチスで作る
デザイン・テクニック	木々に見立てたトクサを2つの花器に垂直に配置し、 2本の木に見えるように構成。 間を心地よい風が通り抜けるようなデザインに

Flower & Green

●クロモジ ●ミスカンサス ●クレマチス ●メラスフェルラ ●ナデシコ‘テマリソウ’ ●ミントブッシュ‘モンシェリー’ ●ジゴペタルム ●バイモユリ ●ビバーナム・スノーボール ●タバリアファーン ●トリフォリウム ●シレネ‘グリーンベル’ ●アスパラガス・プルモーサス ●トクサ

How to Make

1

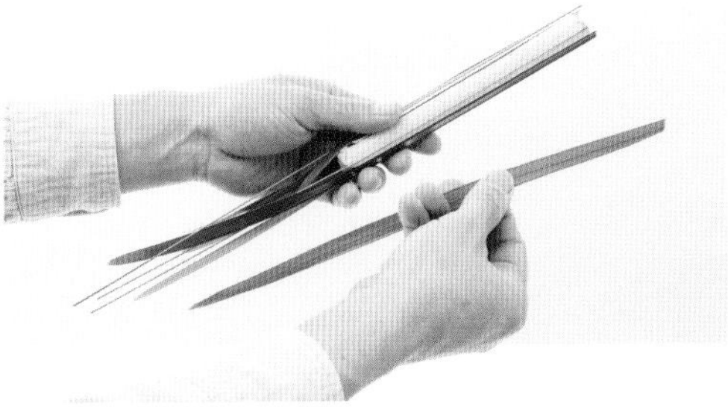

ジゴペタルムを生けるグラスチューブの周囲に両面テープを貼り、＃20ワイヤーを3本貼り付けて脚を作る。この上にミスカンサスを貼る。

2

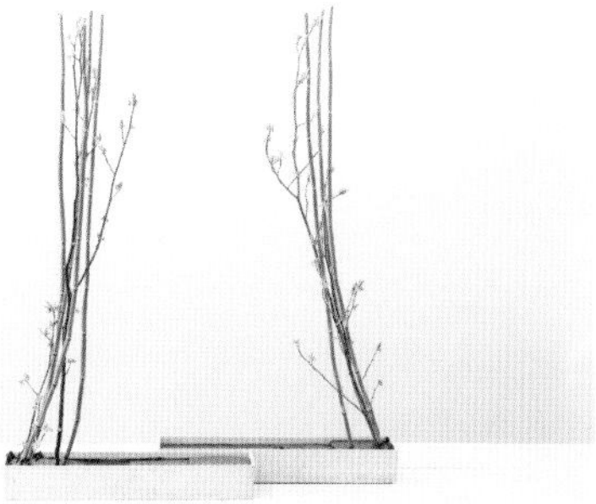

2つの器に、吸水させたフローラルフォームを器の縁より少し低い位置にセットし、器が1／3〜1／2程度重なるように前後に並べて置く。クロモジと脇芽をカットしたトクサを、下から上に向かって内側に反る形になるように両端に挿して輪郭を形成する。

3

左右から中央に向かってクロモジとトクサを足す。クロモジは、間にトクサが入れやすい枝ぶりのものを選ぶ。輪郭を明確にするため、脇枝は適宜カットする。

4

中央に左右の長さの1／3程度の空間ができる位置まで、トクサとクロモジを挿す。トクサの上部は切り揃え、グラフィカルな印象に。

Point

トクサは中央に向かうにつれて垂直になるようにし、クロモジは、脇枝が効果的に空間を埋めるように考慮して配置。

5

茎が長く、花が上に付いているビバーナム・スノーボールを中央に配置する。トクサとクロモジの間から見え隠れするように、後ろの花器のやや後方に挿す。位置を決めたら、花の正面を見極め、両手でしっかりと持って挿す。

6

トリフォリウムと、シレネ‘グリーンベル’を、ビバーナム・スノーボールよりやや低い位置に挿す。全体のバランスを見ながら、左右前後の根元に近い場所にも配置する。

How to Make

7

トリフォリウムより少し低い位置にバイモユリとメラスフェルラを挿す。中央を中心に、左右前後にも配置する。

8

根元にナデシコ‘テマリソウ’やアスパラガス・プルモーサス、タバリアファーン、ミントブッシュなどのグリーンを挿す。

Point

色や形のバランスを見ながら、単調にならないように留意する。

9

グリーンを挿し終わった状態。中央の根元手前にクレマチスを配置する。

Point

根元のグリーンは密集させずに、風が通り抜けるような印象に仕上げる。

10

奥の少し高い位置にもクレマチスを挿す。白い色が目立ちすぎると全体の色のバランスが崩れるので、他の花材の間から見え隠れする位置が適当。クレマチスのつぼみを挿し、前後のアレンジメントに一体感が出るようにする。

11

1のミスカンサスを貼ったグラスチューブを、ビバーナム・スノーボールの前に挿す。場所は手前に置いた花器の中。

グラスチューブにジゴペタルムを入れ、給水して完成。

12

Point

2つの花器を離して飾っても楽しめるデザイン。その場合、花器が重なっていた部分にトクサやクロモジを足したり、グリーンの位置を調整する。個別のアレンジメントとしての形を整え、さらに2つが連動していることがわかるようにするとよい。

‖ 花材を足し引きして印象を変える ‖ 風薫る季節をグリーンの花材で表現

P.34の作例から花材をセレクトして花束に。テーマは、俳句の初夏の季語でもある「薫風《くんぷう》」。ナデシコ‘テマリソウ’やルスカスをクッションにしてクロモジとビバーナム・スノーボールをのびやかに束ねました。メラスフェルラの柔らかで漂うような線を、青葉を揺らす優しい風に見立てています。

Flower & Green

●クロモジ ●ビバーナム・スノーボール ●メラスフェルラ ●アスパラガス・プルモーサス ●シレネ‘グリーンベル’ ●ルスカス ●トリフォリウム ●ガーベラ‘グリーンスパイク’ ●ナデシコ‘テマリソウ’

五月

May

立夏 ══ りっか

［ 二十四節気-5月5日頃- ］

五月晴れの空を、空色と淡い紫色の花をダイナミックに束ねて表現。白い花を混ぜて軽やかさを出しています。ホルジウム・ジュバタムの穂を少しだけのぞかせ、チランジアを垂れ下がるように入れて変化をつけました。スパイラルに束ねた茎の美しさも軽やかさの演出に一役買います。

Flower & Green　●トリフォリウム ●ヤグルマギク ●オキシペタルム ●アキレア‘ホワイトスノー’ ●カンパニュラ ●ニゲラ ●ホルジウム・ジュバタム ●チランジア・ウスネオイデス ●アゲラタム ●デルフィニウム‘プラチナブルー’ ●ルピナス ●アスチルベ ●ルスカス ●ワスレナグサ

Idea Process
発想のプロセス

季節の言葉	立夏
↓	
テーマ	夏の始まりの季節を表現する
↓	
コンセプト	五月晴れの爽やかな空（写真）を花束に
↓	
色	空色と淡い紫色
↓	
花材	デルフィニウムやヤグルマギク、ニゲラなどの空色と、アゲラタムとカンパニュラなど淡い紫色のやさしい雰囲気の花
↓	
デザイン・テクニック	花はメインを決めずにミックスで、高低差をつけて構成。スプレー咲きでボリュームのあるデルフィニウムは切り分け、長いものは中心に入れ、短いものはクッションフラワーとして活用

‖ 花材を足し引きして印象を変える ‖ 植物の成長の様子をホリゾンタルスタイルで

初夏の陽気とともに植物が勢いよく成長し、「気」が満ちてくる二十四節気の「小満《しょうまん》」をイメージしたアレンジメントです。P.40の花束に使った青い花に、この季節を象徴するムギを合わせました。通常は縦に使用するムギを水平に配し、横に展開するデザインで目新しさが出せます。

Flower & Green

●リューココリーネ ●ヤグルマギク ●六条ムギ ●アジサイ ●ミントブッシュ'モンシェリー' ●エリンジウム ●アスパラガス・プルモーサス ●ローズマリー ●クレマチス'ブルーピルエット' ●トケイソウ ●カンパニュラ ●ベロニカ ●デルフィニウム ●セントーレア'ギムノカルパ'

Column ［コラム］

Part 1 ―― 花使いの流儀

花の作品を作るとき、私は両極端になる傾向があります。植物素材の種類と分量を絞って「ミニマム」で構成するか、多種類の素材を最大限に使用して「マキシマム」でデザインするかです。

ミニマムは花が「腹八分目」で、残りの二分は見る人の感性に委ねるデザイン。マキシマムは無限に吸い込まれていく迷宮の花。どちらの場合でも、創造する喜びを感じます。

一方、お客さまからのご依頼で商品を作る場合は、注文内容を120％満たすデザインを心がけます。ただ、ある程度お任せいただける場合は、「私の流儀」に沿って行います。

色に関しては、複数の色を持つ素材に心惹かれます。例えば、絶妙な色合いの秋色アジサイなどは汎用性が高く、合わせる花に迷ったときは真っ先に頭に浮かぶ素材です。スポーツ選手で例えるなら、どこでもプレイできる万能選手、優れものです。

花材の規格に関しては、太く、大きく、長く、真っすぐなものよりは、茎が曲がっているなど、一般的に扱いにくいとされるものを使いこなすことに醍醐味を感じます。1年のうちで短期間しか出回らない季節の枝物や草花には個性的な「くせ者」が多く、大好きな素材です。旬の時期には必ず使用します。

また、気心が知れたお客さまには了承を得て、美しさの中に「毒」をわずかに加えるようにしています。この「毒」とは、通常はネガティブに認識される「枯れている」「生物を連想して気持ち悪い」「刺さると痛い」「虫に食われて穴がある」などの要素を持つ素材です。欠点のない整った美男美女のような花だけではどこか人工的で物足りない印象になります。そこで「毒」をスパイス程度に振りかけることで、味わいに深みを持たせるのです。適材適所にうまく使えば「毒」にも「薬」にもなるのが、植物素材の面白さです。

美しい牡丹の花に、「鋭く尖る」「朽ち果てる」「虫のようにうねる」などの毒要素を合わせた作品。

夏

Summer

半夏生

夏至

小暑

百花繚乱

温風至

土潤溽暑

大雨時行

六月
June

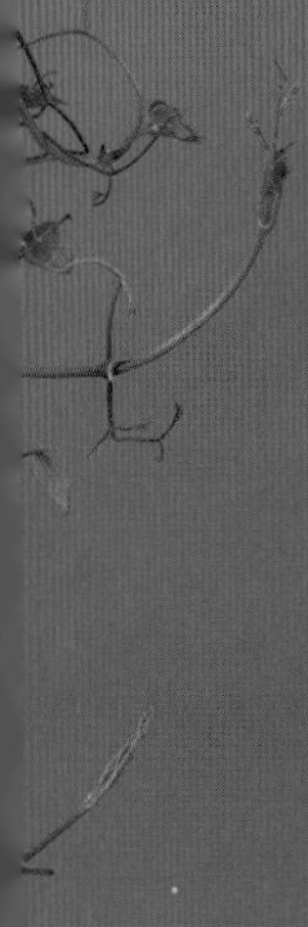

半夏生 ── はんげしょうず

［ 七十二候第三十候 ］

6月21日頃を指す二十四節気の「夏《げ》至《し》」の末候にあたる七十二候の「半夏生」。「半夏」はカラスビシャクという薬草のことで、この薬草が生える時期を指したといわれています。これとは別に、この季節に開花するハンゲショウという植物の、白からグリーンの色の移ろいを花束で表しました。カラー‘グリーンゴッデス’を中央に配し、流れるような構成で植物の息吹を表現しています。

発想の源となったハンゲショウの葉。ドクダミ科の多年草で水辺や湿地に自生し、半夏生の頃に葉が部分的に白くなる。

Idea Process

発想のプロセス

季節の言葉	半夏生
↓	
テーマ	半夏（カラスビシャク）が開花する季節を表現する
↓	
コンセプト	この時期に開花するハンゲショウという別の植物（P.45）の 白からグリーンの色の移ろいの魅力を花束で表現。 成長する植物の勢いを見せる
↓	
色	白とグリーン
↓	
花材	カラー‘グリーンゴッデス’をメインに、斑入りの花材をセレクト。 単調にならないよう、さまざまなテクスチャーの葉物を合わせる
↓	
デザイン・テクニック	カラー‘グリーンゴッデス’を中央に配し、 そこから白とグリーンの植物をスパイラルで束ね、 勢いよく流れ落ちるようにデザイン。植物の息吹を表現

Flower & Green

●ヒカゲノカズラ ●ビバーナム・スノーボール ●アジサイ（モヒート、ほか1種） ●バラ‘グリーンアイス’ ●ナルコユリ ●ピットスポラム ●ミスカンサス ●ムラサキツユクサ ●カラー‘グリーンゴッデス’ ●フランネルフラワー ●センニンソウ ●ハラン ●トリフォリウム（以上、2点写真外）

How to Make

1

花束の中心となるカラーを必要な本数（ここでは9本）まとめて持つ。

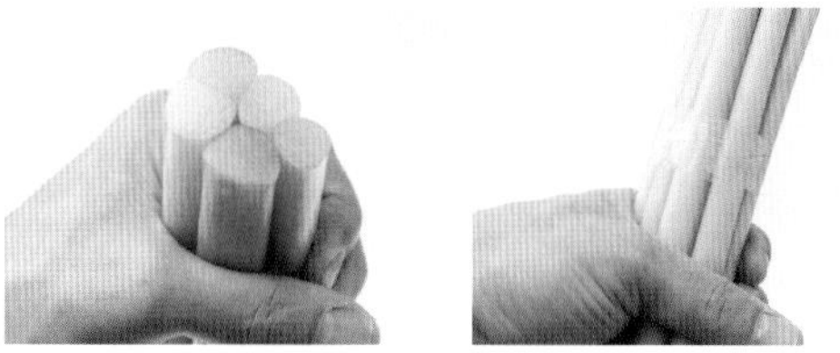

Point

カラーの茎の断面は三角形に近いため（左・参考）、うまく組み合わせて茎の間に隙間ができないようにすると形が決まりやすい。さらにテープで固定すると作業性がよくなる（右）。

2

カラーの周囲にグルーピングで花を加える。束ねる技法はスパイラル。正面を決めたら、正面から見てカラーの左側にグリーンのアジサイ‘モヒート’とビバーナム・スノーボールを入れる。

3

右側に白いアジサイを加える。花束の中心部分の完成。

Point

白いアジサイが入ることでグリーンの色が強調される。この色のグラデーションが花束の色みの決め手となる。

4

ここから花束に動きを加えていく。花束の右側奥にフランネルフラワーを入れ、手前にトリフォリウムを入れる。

5

ハランを花束の右側に加える。2枚で1組と考え、2枚の葉の端を少し重ねて配置する。葉脈を中心に見て葉の幅が狭い側が重なるようにし、横に張り出す位置に入れる。

How to Make

6

ハランを入れた様子。このあと、最後のほうでハランと対向の位置にミスカンサスを入れるので、その状態を想像しながら形を決めるとよい。

7

ナルコユリを加える。2本ずつグルーピングし、花束の周囲に3カ所、上から見て三角形を形成する位置に入れる。奥は高く、手前は低い位置に入れて変化をつける。

8

ハランの手前にセンニンソウを入れる。

Point

ラインがしっかりしているグリーンなので、上を向くもの、横に振り出しているものなど形と動きを見極めながら、1本ずつ同じ場所に足していく。

9

花束を回し、正面から見て花束の左側に、ヒカゲノカズラとムラサキツユクサをまとめて加える。

10

9の手前にバラ‘グリーンアイス’を入れる。葉はある程度落としておく。

Point

バラは見せたい花材なので、やや正面向きに配置する。

11

バラの後ろあたりにミスカンサスをまとめて加える。カラーを挟んでハランの対向の位置になるよう、バランスを考えながら配置する。

12

花束を保護し、花材を固定する役割としてピットスポラムを根元に入れて完成。写真は花束を後ろから見た様子。

‖ 花材を足し引きして印象を変える ‖

ハンゲショウの色みを
モダンスタイルで表現

P.44の作例でテーマにしたハンゲショウの白とグリーンのグラデーションを、カラーとハランのみでシンプル&モダンに表現。四角い花器の周囲にハランを貼り、カラーの先端のみをアレンジしています。器が揺れ、中のカラーが波打ってこぼれる瞬間を切り取ったようなデザインです。

Flower & Green

●カラー（エチオピカプレナ、グリーンゴッデス）●アサヒハラン ●シマハラン

六月

June

夏至 ══ げし

[二十四節気-6月21日頃-]

二十四節気の「夏至」は、北半球では一年でもっとも昼の時間が長くなる日。太陽の存在とありがたみを感じる日でもあります。日の出前の海の色を彷彿させるニューサイランを水平線に見立て、そこから力強く太陽が昇る様子を、オレンジ色の花材でデザインしたアレンジメントです。

Flower & Green ●インコアナナス ●ガーベラ（スーベニア、トマホーク） ●バラ（マンゴーリーバ、エコ、オレンジ ロマンティカ、マカレナ） ●ニューサイラン ●グズマニア‘オランジェイド’ ●センニチコウ ●宿根スターチス‘キノレモン’ ●アイビー‘スタンカーマイン’ ●カラー‘キャプテンオデオン’

Idea Process

発想のプロセス

季節の言葉	夏至
テーマ	一年でもっとも昼の時間が長くなる日を表現する
コンセプト	太陽の恵みに感謝を込めたアレンジメント。 屋久島で見た、水平線から昇る太陽（写真）を参考ビジュアルに
色	オレンジ
花材	ニューサイランやグズマニア、カラーやインコアナナスで水平線を表現。 オレンジのバラなどで太陽を作る
デザイン・テクニック	球状にカットしたフローラルフォームを器にセット。大きな花から挿し、ある程度形が決まったらニューサイランとグズマニアの葉と花、カラー、インコアナナスを横に配置。葉物が球体を貫通しているように見せる

‖ 花材を足し引きして印象を変える ‖

“永遠の太陽”を花束に

P.50の作例から花材を絞り、始まりも終わりもない永遠を表す象徴として円形のストラクチャーを使い、“永遠の太陽”を表現。円形に形作ったヤナギの枝に太めのヤナギで脚を付け、花材を添わせるように入れながら一緒に束ねました。上から見ると、中央から花がのぞくような構成に。

Flower & Green

●バラ（マカレナ、オレンジ ロマンティカ、マンゴーリーバ、エコ）●ガーベラ（スーベニア、トマホーク）●グズマニア‘オランジェイド’●宿根スターチス‘キノレモン’●アイビー‘スタンセピア’●ヤナギ（枝）

七月

July

二十四節気の「小暑」は、梅雨が明けて暑さが増し、夏本番になる頃を指します。各地で花火大会が催され、夜空を彩ります。その夏の風物詩を、色や形が花火のイメージを持つ大輪のダリア5種と変わり咲きのガーベラで表現しました。東京では隅田川の花火大会が有名ですが、これは江戸時代、慰霊と疫病退散を祈願する目的で開かれた水神祭で花火を打ち上げたことが発祥と言われています。平穏な世の中であることを願い、制作したアレンジメントです。

小暑 ―― しょうしょ

［ 二十四節気-7月7日頃- ］

デザインの参考にした夜空に上がる花火の写真。このイメージから花は大輪のダリアとガーベラをメインに構成。

Idea Process

発想のプロセス

季節の言葉	小暑
テーマ	梅雨が明けて暑さが増し、夏本番になる頃を表現する
コンセプト	日本各地で催される夏の風物詩、花火大会を表現。 夜空に上がる花火の写真（P.53）をデザインの参考に
色	赤からピンク、紫のグラデーション、オレンジ
花材	色と形が花火を思わせる大輪のダリアと変わり咲きのガーベラをメインに。 花火が開く瞬間をイメージした花材として レースフラワー‘ダウカスボルドー’をセレクト
デザイン・テクニック	ダリア‘金魚花火’を花火のメインイメージとして高く配置。 ほかのダリアもランダムに高低差をつけて挿してアウトラインを作り、 サブの花材で間を埋めながら、全体にゆるく弧を描くように構成

Flower & Green

●ガーベラ‘レネゲード’ ●エクメア ●ダリア（黒蝶、砂漠、オレンジストーン、金魚花火、ピーチインシーズン） ●レースフラワー‘ダウカスボルドー’ ●アスター（ボブサーモン、ほか1種） ●ミヤコワスレ ●アスチルベ2種 ●アジサイ2種 ●クレマチス‘ベルオブウォーキング’ ●ヤグルマギク2種 ●ハナワギク ●コリアンダー ●グズマニア ●ニゲラ ●銀葉グミ ●キイチゴ‘ベビーハンズ’（以上、3点写真外）

How to Make

1

Point

ダリアは外側の花弁が落ちると花が崩れてしまうので、それを防ぐためガクの内側にグルーを塗り、外側の花弁を接着させておく。

吸水させたフローラルフォームをセットした花器に、ベースとなる花を挿す。ダリア‘黒蝶’と‘砂漠’、2種類のアジサイ、銀葉グミ、キイチゴ‘ベビーハンズ’を低くモザイク模様になるように挿してフォームを覆う。青いアジサイは色のアクセント。

2

2種類のアスターとアスチルベの葉を挿し、炎のイメージで選んだグズマニアとエクメアを挿す。高く目立つように配置するとトロピカルな印象が出過ぎるため、低い位置に。続いて、空間に青いアスチルベをアクセントに挿す。

3

ダリア‘金魚花火’を挿してアレンジメントの高さ決める。花火のメインイメージとなる花材。花火らしさを出すために葉は落としておく。

Point

すべてが同じ高さや向き、列に並ばないように留意。高低差をつけて奥行きを出す。

4

3のダリアと重ならない位置に、ダリア‘砂漠’を全体のバランスを見ながら配置する。両手で持ち、フローラルフォームにしっかりと深く挿す。

5

ダリア‘オレンジストーン’を‘砂漠’よりもやや低い位置に挿す。外側に降り出す位置にも入れてバランスをとる。ベースとなる形が完成。

How to Make

6

ダリアの間にレースフラワー‘ダウカスボルドー’を挿す。花火が開く瞬間をイメージした花材。

Point

低い位置にも挿してバランスをとる。

7

ダリアより一段低い位置に、アスター‘ボブサーモン’とガーベラ‘レネゲード’を入れる。ダリアの間から見え隠れする場所が適当。こうすると奥行きが出る。

8

ハナワギクを中央に挿し、淡い紫色のヤグルマギクをグルーピングで左側に入れる。折れやすいので、両手でしっかり持ってフローラルフォームに深く挿す。

9

クレマチスを挿す。茎が長い状態で使うと節から折れやすいので、細い枝などを沿わせてテーピングしておく。

10

クレマチスはガーベラのやや下の高さに挿す。正面だけでなく根元や横にも配置し、アレンジメントのアウトラインがゆるく弧を描くようにする。

11

色の濃いヤグルマギクもポイントとして入れる。これで全体の形が完成。ここから中央を埋めていく。

Point

花材にランダムに高低差がつき、顔の向きも揃っていないことが重要。

12

ガーベラを高低差をつけて配置する。

13

やや低い位置にダリア‘ピーチインシーズン’を高低差をつけて配置する。先に入れたオレンジのダリアと色をつなげることで、奥行きを出す。足元にピンクのアスチルベ、ニゲラ、ミヤコワスレ、コリアンダーを挿して完成。

‖ 花材を足し引きして印象を変える ‖

線香花火をイメージした花束

P.52の作例でサブに使った花材から、ヤグルマギクやクレマチスなど繊細な印象の花をピックアップ。淡いピンクから紫の花材を足して束ね、線香花火に見立てました。花火の火がこぼれるイメージをオオスズメノカタビラで表現。アスチルベをクッションにし、自然な高低差をつけています。

Flower & Green

●クレマチス‘ベルオブウォーキング’ ●ヤグルマギク ●アスチルベ 2 種 ●ブルーレースフラワー ●コリアンダー ●ニゲラ ●ハナワギク ●ミヤコワスレ ●ユーカリ ●オオスズメノカタビラ

七月

July

百花繚乱 ── ひゃっかりょうらん

[四字熟語]

「百花繚乱」は多種多様な花が咲き乱れる様子を表現した四字熟語です。ほかには、優れた人が多く現れ、立派な業績が同時期にたくさん現れることの例えとしても使われます。この言葉から発想を広げ、色や形に際立って特徴のある花材同士を組み合わせたアレンジメントです。明るくビビッドな色みの花を合わせ、夏らしい印象に。個性的な花材を合わせながらも調和が取れるようにしています。

イメージの参考にした南国の鳥の写真。トロピカルなデザインの配色を考えるときは、絵画やポスターなども役に立つ。

Idea Process

発想のプロセス

季節の言葉	百花繚乱
テーマ	多種多様な花が咲き乱れる様子と、 優れた業績や人物が同時期に多く現れることを意味する四字熟語を表現
コンセプト	「多種多様な花」「優れた業績や人物」を個性的な色や形の花材で表現
色	赤と黄色をメインにサーモンピンクやオレンジを混ぜてニュアンスをつけ、 青色をアクセントに。南国のカラフルな鳥の写真（P.59）を参考に
花材	ストレリチアやグロリオサなど通年で手に入る南国の花に 旬のものを合わせ、季節感を演出
デザイン・テクニック	波形に曲げたシマハランとアリウムでアウトラインを決め、 背の高いものから3段階に分けて花材を配置。 カナリーヤシの明るい緑色で軽さと爽やかなイメージを演出

Flower & Green

●アルストロメリア ●シマハラン ●ユリ ●ゼラニウム ●サンゴミズキ ●ミヤコワスレ ●オキシペタルム‘インカレッド’ ●カンパニュラ ●アリウム ●エピデンドラム ●モカラ ●オーニソガラム ●レッドジンジャー ●ラナンキュラス ●スターチス ●シンビジウム ●ダリア ●ブレアンサス ●ドラセナ・レインボー ●アンスリウム ●カラー ●パフィオペディルム ●シャクヤク3種 ●ゴデチア ●アスター ●タイツリソウ ●ストレリチア ●カナリーヤシ ●デルフィニウム ●グロリオサ ●ガーベラ（パスタヴェネチア、レネゲード、トマホーク） ●グズマニア ●アマランサス ●ミニパイナップル ●イオノシジウム ●シロシマウチワ ●リューココリーネ ●アセビ（葉） ●クロトン（以上、3点写真外）

How to Make

1

シマハランは中央の葉脈を除いて2つに細長くカットし、花器の側面に貼り付ける。花器に養生テープを貼り、その上に両面テープで葉を重ねて貼り、隙間はグルーで接着する。こうすると器を再利用する際に葉がはがしやすくなる。

2

♯20地巻きワイヤーの先端をニッパーでループ状に形作り、シマハランの裏側の葉脈に沿って防水テープで貼る。

Point

ワイヤーの先端を丸くするのは、葉を突き破らないようにするため。

3

ワイヤーに沿って葉を波形に湾曲させる。

4

フローラルフォームを器にセットし、フォームを隠すためにアセビを挿し、両側に波形に曲げたシマハランを挿す。これでアレンジメントの横幅を決める。

5

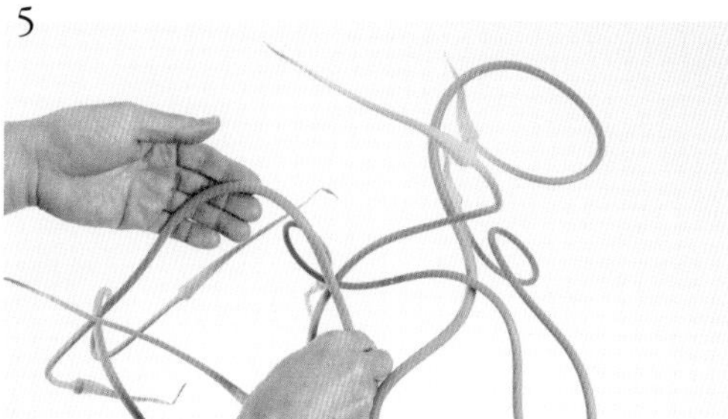

アリウムを配置する。上部は絡ませて動きを出す。

アリウムを配置した状態。これでアレンジメントの大まかなアウトラインが決まった。

6

How to Make

7

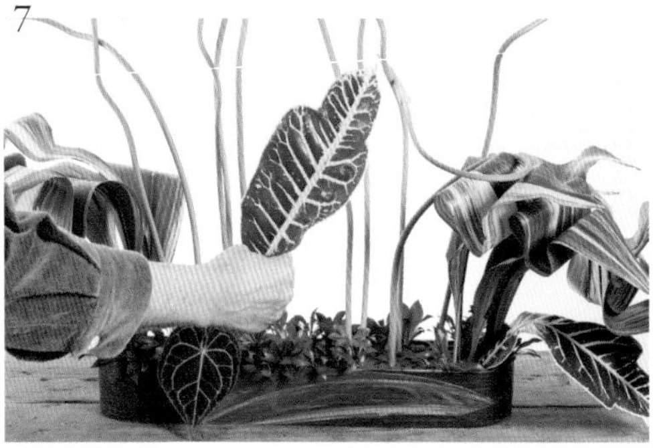

アリウムの前にシロシマウチワを挿し、花器の手前と横にクロトンを配置する。

8

3ヵ所にドラセナ・レインボーを挿す。

Point

等間隔にならないよう、中央ははずして左右どちらかに少し寄せる。

9

カナリーヤシとサンゴミズキを挿し、グロリオサ、ストレリチア、アルストロメリア、カンパニュラなど背の高い花材から配置する。

10

ダリア、ガーベラ、カラーなど、中くらいの高さの花材を配置。続いて背の低い花材を全体のバランスを見ながら配置する。

11

アクセントカラーのデルフィニウムは最後のほうに入れる。足元にシンビジウムを挿して完成。

Point

暗く落ち着いた色の花を適宜入れると高級感が出せる。

‖ 花材を足し引きして印象を変える ‖

多色使いが個性的なガラスの花器から発想した花束

P.58の作例に使用したうちの2種類のガーベラをメインに、トロピカルな印象を持たせながら手軽に飾れる花束を制作。色を塊で見せるためにグルーピングし、その花弁の色と形にリンクするドラセナ・レインボーの尖った葉と、カラテアの丸みを帯びた葉を対比させてバランスを取ります。

Flower & Green

●ガーベラ（レネゲード、トマホーク）●カラー ●ダリア ●リューココリーネ ●エピデンドラム ●ダイアンサス ●モカラ ●アスター ●デルフィニウム ●スターチス ●ゴデチア ●ラナンキュラス ●ブレアンサス ●カラテア ●ドラセナ・レインボー ●アンスリウム（葉）

見る方向によって色の出方が異なるオランダ製のガラスの花器。ここから色を拾って花材を選び、アクセントに青色をプラスした。

七月

July

温風至 ── あつかぜいたる

［ 七十二候第三十一候 ］

二十四節気の小暑の初候である七十二候の「温風至」。雲間から射す太陽の光が日ごと強くなり、風も夏らしい熱を帯びてくる季節の印象を、テーブルクロスの柄からデザインの着想を得て制作しました。ビビッドカラーの花をチェック柄に見立てて束ねています。

Flower & Green ●グズマニア ●ニゲラ ●アスター（ボブサーモン、ほか1種）●アジサイ ●銀葉グミ ●丸葉ユーカリ ●エクメア ●マリーゴールド‘メガオレンジ’ ●スカビオサ‘プチ変な奴’ ●ヒマワリ‘マヤダブル’ ●デルフィニウム‘マリンブルー’ ●ルピナス‘ピクシーデライト’ ●カンガルーポー ●西洋イワナンテン ●ダリア‘オレンジストーン’

Idea Process

発想のプロセス

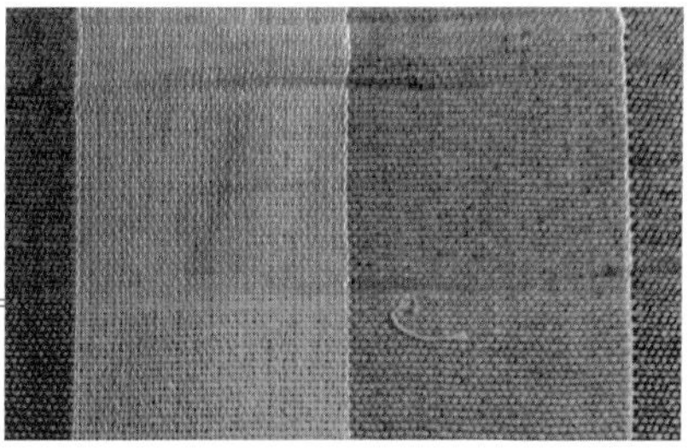

季節の言葉	温風至
↓	
テーマ	梅雨明けから本格的な夏になる頃を表現する
↓	
コンセプト	日差しや風が熱を帯びてくるこの季節の印象を、 梅雨明けに吹く南風を思わせるような テーブルクロスの柄（写真）から着想を得て花束に
↓	
色	テーブルクロスの柄に使われている赤、黄色、オレンジ、青
↓	
花材	季節のヒマワリのほか、ビビッドカラーのダリアやアスターをメインに
↓	
デザイン・テクニック	チェック柄のイメージを表現するため、 ラウンドではなく背面は平らに作り三方見の花束に。 顔の大きいダリアやヒマワリの間に小花を挟む。 お供え花に見えないよう、傾けて飾ることを前提にデザイン

花材を足し引きして印象を変える

ヒマワリ咲く夏の情景を表現

P.64の作例に使用している花材からヒマワリにフォーカスし、夏の暑い風が吹く屋外のイメージをアレンジメントに。明けたばかりの梅雨の名残を、濃い紫のアジサイを奥に入れることで表現。花の季節がアジサイからヒマワリへとバトンタッチしていく様子も感じられるようにしました。

Flower & Green

●ヒマワリ（サンリッチフレッシュレモン、マヤダブル）●アジサイ ●マリーゴールド‘メガオレンジ’●カンガルーポー ●スカビオサ‘プチ変な奴’●ニゲラ ●キイチゴ‘ベビーハンズ’●グロリオサ‘ルテア’●アスパラガス・プルモーサス ●ギボウシ‘金星’●デルフィニウム‘マリンブルー’●西洋イワナンテン ●セントーレア‘イエローサルタン’●ルドベキア‘エレクトラショック’

テーマとなる溽暑のイメージを持つ土の写真を見つけ、ここから色やデザインの発想を膨らませて花束を制作。

八月

August

土潤溽暑 —— つちうるおうてむしあつし

[七十二候第三十五候]

7月23日頃を指す二十四節気の「大《たい》暑《しょ》」。その次候である七十二候の「土潤溽暑」は、真夏の強い日差しに照らされ湿った土から熱気が上がり、うだるような蒸し暑さ（溽暑《じょくしょ》）が続く頃を指します。ここでは、このイメージを持つ土の写真から発想を膨らませ、スモークツリーと茶色みがかった花で花束を制作しました。土から蒸発する熱気をスモークツリーで表現し、混沌とした雰囲気に束ねています。

Idea Process

発想のプロセス

季節の言葉	土潤溽暑
↓	
テーマ	土から熱気が上がり、うだるような蒸し暑さ（溽暑）が続く季節を表現する
↓	
コンセプト	夏の湿度と土の匂いを花束に。 溽暑のイメージを持つ土の写真（P.67）から発想を膨らませる
↓	
色	茶系とグリーン、アクセントに赤
↓	
花材	土から蒸発する熱気をスモークツリーで表現。 夏の花ヒマワリに、流木やウツボカズラを合わせ、形や動きに面白さを加える
↓	
デザイン・テクニック	ヒマワリはダークカラーの品種を選び、どこか混沌とした雰囲気に。 地味な印象にはならないよう、赤いヘリクリサムをアクセントに

Flower & Green

●アマランサス ●流木 ●トルコギキョウ‘アンバーダブルショコラ’ ●レモンリーフ ●ヘリクリサム ●エミューファーン ●ウツボカズラ ●ヒマワリ（サンリッチ ライチ、プロカット レッド） ●宿根スターチス（きゃめる、南十字星） ●キビ ●アーティチョーク ●アイビー ●ブラックベリー ●スモークツリー ●ナデシコ‘テマリソウ’（写真外）

How to Make

1

スモークツリーは長いものと短いものに切り分け、葉は水落ちしやすいので間引く。

2

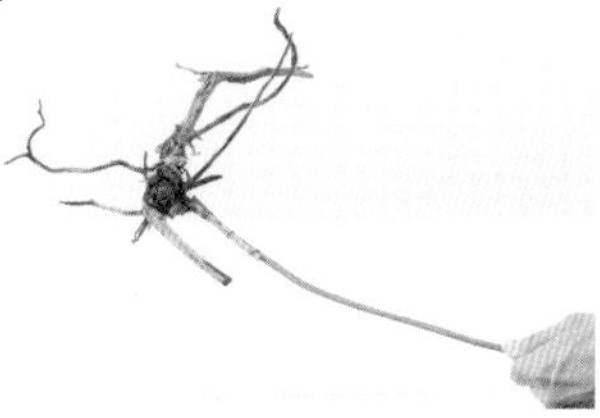

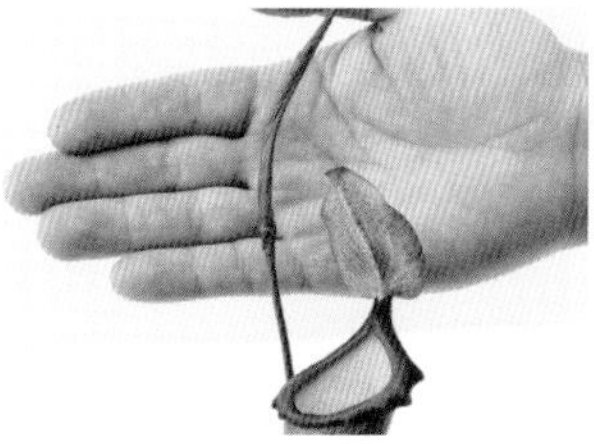

流木には必要な長さの枝を＃26の地巻きワイヤーで取り付ける（上）。ウツボカズラは蔓に＃24または＃26のワイヤーを掛けてテーピングし、ハンギングできるように脚を付ける（下）。

3

束ねる手法はスパイラル。ポイントになる長いスモークツリーを持ち、その下にトルコギキョウ、クッションとしての短めのスモークツリーを加え、エミューファーンと宿根スターチスを加えて花束の中心にする。

4

スターチスとスモークツリーをクッションにしてナデシコ‘テマリソウ’とトルコギキョウを足す。ヒマワリはこの段階で加える。

Point

花束の中心部分は、ばらけた印象にならないように密に作る。

4のヒマワリと反対側のバランスのとれる位置に種類の異なるヒマワリを入れ、キビを高低差をつけて入れる。ラウンドの中心部分ができた状態。

5

6

半円の輪郭をイメージしながらさらに花材を足す。脚を付けた流木を入れる。

Point

流木は輪郭より少し高い位置に入れて形を見せると効果的。

How to Make

7

クッションの役割も持つスターチスは、写真のように茎の長いものは外側に、短いものは内側の下のほうに使用するとよい。最初に切り分ける際に使い方を考えておく。

8

トルコギキョウ、スターチス、エミューファーンなどをさらに加える。アクセントとなるヘリクリサムは内側と外側に入れて奥行きを出す。ほとんどの花材が入った状態。

9

スモークツリーをクッションとして適宜挟みながら、さらに花材を足して花束を展開させる。アマランサスはこの段階で入れる花材。入れたらスターチスで押さえて、向きを固定させる。

10

散りかけたヒマワリは花弁を取り除いて使用。中央だと目立ちすぎるので、この段階で外側に入れる。

Point

咲いた花が散っていくという季節の移り変わりが表現できる。

11

さらにスモークツリー、スターチス、トルコギキョウ、ヒマワリを加え、アイビーやブラックベリーを入れる。ウツボカズラは最後のほうに垂らすように入れる。束ね終わったら、つぼの中に少量の水を入れて保水をする。

12

アーティチョークを入れる。インパクトを与えるための材料。

Point

茎が短いアーティチョークも、この段階で下のほうに入れることで効果的に使える。

13

花束を保護し、花材を固定する役割としてレモンリーフを根元に入れて完成。

Point

上から見た様子。花材は中央を密にしながらも全体にまんべんなく入れ、蒸し暑い夏の雰囲気を感じさせるようにデザインする。

‖ 花材を足し引きして印象を変える ‖ 赤紫のスモークツリーで溽暑を表現

P.66の作例で使ったスモークツリーを、ここでは赤紫色の品種を使用し、小輪のユリを中心にピンク系の花を合わせて華やかなアレンジメントに。真鍮の花器を選び、豪華な印象に仕上げました。フォーカルポイントは作らず全体に崩した雰囲気にすることで、湿度の高さを表現しています。

Flower & Green

●ユリ‘スイートメモリー’ ●アマランサス‘コーダタスレッド’ ●スモークツリー ●宿根スターチス（南十字星、きゃめる） ●ナデシコ‘テマリソウ’ ●スカビオサ ●キビ ●シモツケ ●クルクマ‘パルビフローラ’ ●トルコギキョウ‘アンバーダブルショコラ’ ●エミューファーン ●ヘリクリサム ●ブラックベリー

八月

August

大雨時行 ── たいうときどきふる

［ 七十二候第三十六候 ］

大暑の末候で、夏の激しい雨が降る頃を指す七十二候の「大雨時行」と、高浜虚子の俳句「牛も馬も人も橋下に野の夕立」から着想を得て制作したアレンジメントです。突然降り出した雨から逃れ、通り過ぎるのを人と動物がともに待ちながら空を見上げる様子を植物で表現しました。

Flower & Green　●カスミソウ‘アルタイル’●クレマチス（ロウグチ、アルバ、ソフィー）●セファロフォラ・アロマティカ ●キョウカノコ ●ジニア‘ジャジー’ ●リナリア‘ブルガリス’ ●クルクマ ●モナルダ ●ユリ ●サルビア ●ナデシコ‘テマリソウ’ ●スカビオサ ●シマフトイ ●ミスカンサス ●ブラックリーフ（写真外）

Idea Process

発想のプロセス

季節の言葉
大雨時行

↓

テーマ
夏の激しい雨が降る頃を表現する

↓

コンセプト
人と動物が突然降り出した夕立（写真）から逃れ、
雨が通り過ぎるのを待ちながらともに空を見上げる様子を植物で表現

↓

花材
カスミソウを入道雲、シマフトイを雨、
色とりどりの夏の小花を人と動物に見立てる

↓

色
白とグリーン、アクセントに紫

↓

デザイン・テクニック
シマフトイと下の脇枝を切り落としたカスミソウの間に、
小花を見え隠れするように低く配置。雨に降られて右往左往している様子を表現。
一部花を飛び出すように挿し「雨から逃げる」動きを象徴的に見せる

‖ 花材を足し引きして印象を変える ‖

ストーリー性のある軽やかなカスミソウの花束

P.72のアレンジメントを制作する際に剪定したカスミソウの脇枝で作った花束。左側に紫、右側に白と複色のクレマチスを配し、紫のクレマチスが白いカスミソウを通って色が抜ける、というストーリーを盛り込んでいます。根元に葉は入れず、カスミソウの軽やかさを表現しました。

Flower & Green

●カスミソウ ●クレマチス（ロウグチ、アルバ、ソフィー）

Column［コラム］

Part 2 ＿＿ 空間の生かし方

花の仕事では、空間を生かして花を生けることが求められます。
住空間を装飾する場合は部屋のサイズのほか、壁・床・天井の色・模様・素材などをしっかりと観察します。例えば絨毯にデザインされた六角形の幾何学模様に心惹かれた場合は「花弁を6枚持つユリとの相性は?」など、思いついたことをすべて書き出します。家具や調度品、照明器具などの特徴もしっかり記憶し、寸法も書き留めます。
花を照らす光も重要です。窓からの光で自然に見せるのか、照明の強弱で陰影をつけるかを考えます。空間の中に人がいる状態をイメージし、サイズ、色合い、形などのデザインを練っていきます。人の導線の妨げになって倒れたりしないことは、最低条件です。複数の空間から成る宴会場などを装飾する場合は、「起承転結」を意識します。懐石料理に例えると、待合スペースは「前菜」。これから始まる宴席を予感させる花を控えめに飾ります。メイン会場には、ドアを開いた瞬間にゲストが歓喜に包まれる「主菜」の花を。レストルームは「箸休め」。香りがある季節の花を飾るのもおすすめです。宴会の趣旨にもよりますが、「主菜」であっても、部屋と調和して控えめに主張する花が素敵だと私は思います。
空間装花は「花」「器」「場所」の三位一体で考えることが大切です。花と器は選択の余地がありますが、場所を変えることは困難です。場所に合わなければ、せっかくの花と器の組み合わせも台無しです。
場に即した花は、1本でも空間を変える力を持っています。その1本を生かせるフローリストになることが、私の理想です。

ガーデンパーティーの花装飾。庭の緑を借景に鮮やかな花色が映えるようデコレーション（写真／著者）。

秋

Autumn

重陽の節句

禾乃登

十五夜

寒露

立冬

秋麗

山茶始開

9月9日の重陽の節句は、旧暦では菊の咲く季節のため「菊の節句」とも呼ばれます。古来人々は菊を用いて邪気を祓い、不老長寿を願ってきました。この節句から着想を得たアレンジメントです。菊は日本の伝統色を思わせる色みでありながら、どこかモダンな印象も感じる大輪の品種‘イグニス’を主役に。これを中心にオレンジから黄色へと各種菊の色につなげ、秋らしい色合いにまとめています。

九月 September

重陽の節句 —— ちょうようのせっく

[五節句-9月9日-]

菊の節句を象徴する花材として選んだ‘イグニス’。大輪で、日本の伝統的な建築物などにも使われるような秋にふさわしい赤色が魅力。

Idea Process

発想のプロセス

季節の言葉	重陽の節句
テーマ	「菊の節句」を表現する
コンセプト	菊を使い、日本の伝統を意識しながら現代的な印象を取り込み、日本の秋を感じるアレンジメントを制作する
花材	日本の伝統色を思わせる色みとモダンな印象を併せ持つ菊‘イグニス’（P.77）を主役に、7種以上の菊をセレクト
色	赤からオレンジ、黄色をメインに、紫からピンクでコントラストをつける
デザイン・テクニック	竹で作ったストラクチャーで和のイメージを強調し、ハゼやワレモコウで夏の終わりの自然の情景を表現。水盤の中に菊の花弁を散らし、重陽の節句に飲む菊酒をイメージ

Flower & Green

●ナツハゼ ●ガイラルディア ●ペンステモン ●ナデシコ‘テマリソウ’ ●クロコスミア ●エキナセア‘セプテンバートワイライト’ ●キク（アブロン、ジェニーオレンジ、イグニス、エファ オレンジ、ダイアナ、ジェニーダークピンク、パヴェーノダーク、ほか） ●スグリ（葉） ●ヤマイチゴ ●ヒエ‘フレイクチョコラータ’ ●マリーサイモン ●ワレモコウ ●セントーレア‘ギムノカルパ’（葉） ●タケ（写真外）

How to Make

1

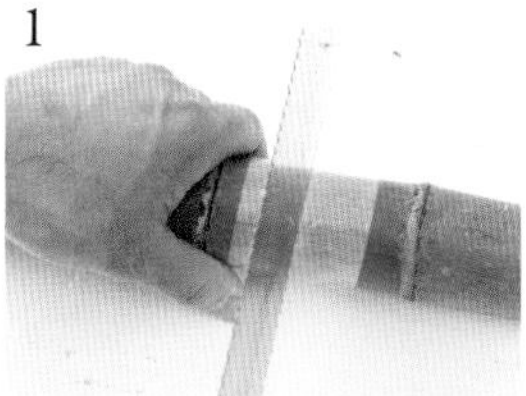

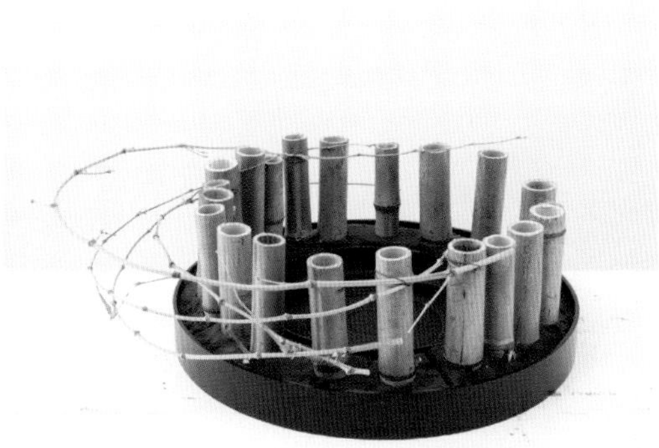

ストラクチャーを作る。タケをノコギリで20cm長さに20本カットする。カットする場所に養生テープを巻いて作業をするとタケの皮がささくれることがない(左上)。直径60cmの水盤に吸水させたリング形のフローラルフォームをセット。タケを挿し、細いタケを左側にループ状に張り出すように＃24の地巻きワイヤーで取り付ける（左下、右）。

2

主役のキク‘イグニス’を、細いタケの間に引っ掛けるようにしながら左に傾けて挿す。ここで全体のキクの高さを決める。

3

全体に‘イグニス’を配置する。形がアシンメトリーになるようにし、ここでは8ヵ所。

Point

均等配置にならないように注意し、若干高低差をつけて外側にわずかに傾けて挿す。

4

キク‘エファ オレンジ’を3ヵ所に挿す。位置は左右と奥。奥はタケの内側に低く入れる。

Point

色にグラデーションをつけるための花材なので、‘イグニス’よりも目立たないように正面は避けて配置。

キク‘アブロン’を、先に入れたキクより低い位置にタケの外側に配置。ここでは6ヵ所。間隔が均等にならないように注意する。

5

How to Make

6

メインのキクがすべて入った状態。これでおおまかなアレンジメントの形が決まった。大輪のキクの花の形と花弁の流れを意識したデザイン。

7

フローラルフォームを隠すために、ナデシコ‘テマリソウ’やナツハゼの小枝、スグリの葉、小ぶりのキクなどを根元にランダムに配置する。タケの内側にも同様に。

8

変化と動きをつける花材を入れていく。キク‘ジェニーオレンジ’を全体に高低差をつけて8ヵ所に挿す。エキナセアも同様し、クロコスミアを数ヵ所に配置する

9

ヤマイチゴを数ヵ所に配置する。枝ぶりを見ながら向きに合わせて外側に。ガイラルディア、ペンステモン、マリーサイモンを入れる。

10

ヒエ‘フレイクチョコラータ’をキクより高い位置に高低差をつけて入れる。等間隔にならないように注意する。

Point

秋を感じさせるワレモコウは、空間を意識しながら目につきやすい場所に挿す。

ナツハゼを5ヵ所程度、タケの外側に配置する。初秋を表現するシンボリックな花材で、キクとなじむ色合いであることから選んだ。全体の色のバランスを考えながら配置する。

11

12

ひとまわり大きい水盤の上に11をずらしてのせる（間には、下の水盤と同じ高さのフローラルフォームをかませて安定させる）。ここでできた三日月形の空間とリングの中央に、セントーレアの葉、キク‘ダイアナ’、‘パヴェーノダーク’の花弁、‘ジェニーダークピンク’の花を入れる。

完成。横から見た様子。中央とサイドに花弁を配したのは、キクを酒に浮かべて重陽の節句に飲む菊酒のイメージから。

13

‖ 花材を足し引きして印象を変える ‖ 真綿に包まれた菊を表現した花束

重陽の節句の前日に菊に真綿をかぶせ、翌早朝に朝露と菊の香りを含んだ真綿で身体を拭き、不老長寿を祈願したという平安時代の貴族の風習から発想。P.76の作例とは異なるアプローチで菊の魅力を表現しました。菊はセントーレアから出ないようにフラットに束ね、「真綿の白さ」を強調します。

Flower & Green

●セントーレア‘ギムノカルパ’（葉）●キク（ダイアナ、ジェニーダークピンク パヴェーノダーク、ダンテサーモン、アプロン）●アスター‘ボブバイオレット’●ヤマイチゴ●マリーサイモン●カワラナデシコ●クレマチスシード●リンドウ‘パステルベル’●ケイトウ●ヒエ‘フレイクチョコラータ’●レモンリーフ

禾乃登 ══ こくものすなわちみのる

［七十二候第四十二候］

二十四節気の「処暑《しょしょ》」の末候である七十二候の「禾乃登」は、稲が実って日ごと黄色くなり、頭を垂れる季節を表します。このイメージに、夏の終わりに色が変わり始めた草が、夕方の涼しい風に吹かれてたなびく風景を重ねました。キビ‘サマーグリーンミレット’で稲を表現しています。

Flower & Green ●スチールグラス ●クレマチス ●ヒエ‘フレイクチョコラータ’ ●スグリ ●スモークグラス ●モントブレチア ●センニチコウ‘ファイヤーワークス’ ●アスチルベ‘ピンクグロリア’ ●キビ‘サマーグリーンミレット’ ●ワレモコウ ●スカビオサ（実） ●モナルダ ●ヒメガマ ●ペンステモン ●アザミ ●コチョウラン‘トゥインクル’ ●グリーンスケール ●セダム ●アイリスシード ●ヒメリキュウソウ ●ユーパトリウム‘フローレプレノ’ ●カレックス（写真外）

Idea Process

発想のプロセス

季節の言葉	禾乃登
↓	
テーマ	夏の暑さが峠を越して涼しい風が吹き、稲穂が実る季節を表現する
↓	
コンセプト	風にたなびく草と、実る稲穂の様子を花束に。 公園で見た草の様子（写真）から着想
↓	
色	グリーン、黄色、アクセントに赤とピンク
↓	
花材	キビ‘サマーグリーンミレット’で稲を、 風にたなびく草をスチールグラスやグリーンスケールなどで表現
↓	
デザイン・テクニック	斜めに生けることを想定して制作、風が通り抜ける雰囲気に束ねる。 右側にフォーカルポイントを作り、スグリやコチョウラン、センニチコウの赤からピンクで色を入れ、華やかさを加える

花材を足し引きして印象を変える　ポット苗のカレックスで秋の気配を演出

P.82の花束に使用したカレックスをポット苗で取り入れアレンジメントに。切り花に比べ、容易に野趣とボリュームが出せます。バスケットの中にリング形のフローラルフォームを入れ、中央に苗を置いて周囲に花材を配置。枯れたものとグリーンを合わせ、夏から秋への移り変わりを見せます。

Flower & Green

●カレックス ●センニチコウ‘ファイヤーワークス’ ●キビ‘サマーグリーンミレット’ ●ヒエ‘フレイクチョコラータ’ ●ヒメガマ ●モナルダ ●セダム ●ワレモコウ ●アイリスシード ●ガイラルディア ●リンドウ‘アルペンブルー’ ●ペンステモン ●コチョウラン‘トゥインクル’ ●アジサイ ●アスチルベ ●スモークグラス ●マリーサイモン ●モントブレチア ●ユーパトリウム‘フローレプレノ’

十月
October

十五夜 ══ じゅうごや

[行事－9月中旬〜10月初旬－]

「中秋の名月」と呼ばれる十五夜。平安時代、貴族たちは満月を愛でながら詩歌を詠んで宴を催し、江戸時代には庶民の間で収穫に感謝する行事として定着したといわれます。この花束は、月見に欠かせないススキが秋風にたなびく風景から発想を広げて制作しました。雅な貴族を連想させる扇形のストラクチャーを作り、ススキのほかさまざまなグラス類と、秋の七草のイメージを持つ花を組み合わせています。

澄み渡った空に満月が輝き、地上ではススキが秋風にたなびく風景から発想を広げてアレンジメントを制作。

Idea Process
発想のプロセス

季節の言葉	十五夜
↓	
テーマ	中秋の名月を愛でる季節を表現する
↓	
コンセプト	ススキが秋風にたなびく風景（P.85）から発想を広げ、 秋風そよぐ満月の夜のイメージを花束に
↓	
花材	ススキのほかさまざまなグラス類と、秋の七草のイメージを持つ花を組み合わせる。 地味な印象にならないよう、オレンジと黄色のキバナコスモスをアクセントに
↓	
デザイン・テクニック	平安時代、月見が宮中の行事であったことから発想を広げ、 貴族を連想させる扇形のストラクチャーを制作。 風が通り抜けていく空気感が感じられるように束ねる
↓	
色	薄茶色、グリーン、オレンジ、黄色

Flower & Green

●クレマチス（葉）●ノイバラ ●スモークグラス ●アマランサス‘ホットビスケット’ ●トリカブト ●オンシジウム（レッドスター、シャーリーベイビー）●キキョウ ●キバナコスモス ●ハス（実）●クレマチス ●ケイトウ‘アンティークオレンジ’ ●チョコレートコスモス ●キンミズヒキ ●タリクトラム ●パニカム ●ススキ ●アルバ・シルバーキャット ●グリーンスケール ●アジサイ ●エリムス‘アイシーブルー’ ●ミツマタ ●ヤナギ（以上、2点写真外）

How to Make

1

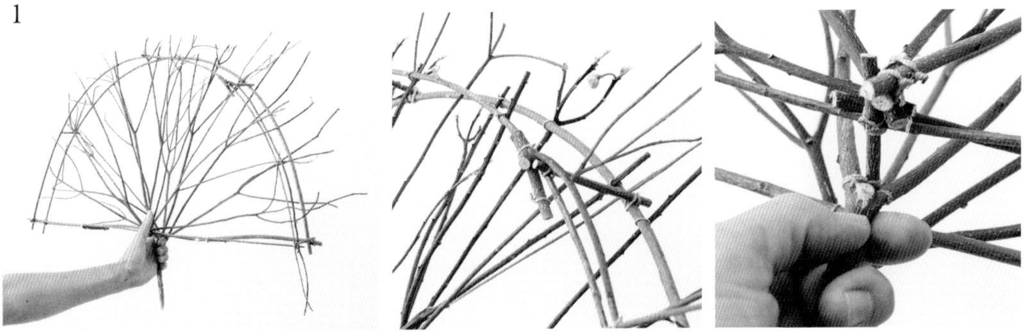

ストラクチャーを制作する。ヤナギの枝で直径70×高さ35cmの半円を2つ作り、間に長さ5～6cmのミツマタの枝を数カ所渡してペーパーワイヤーで固定する。この枠の中心に形のよいミツマタを入れてワイヤーで固定し、これを支点としてミツマタ12本を扇形になるように配する。ワイヤーで固定するのは根元だけで、先端は花が入れやすいようにそのままにしておく。

2

ケイトウを5本、センターを外してアシンメトリーになるように持つ。技法はスパイラルで構成は3方見。このとき、扇形にすることを意識する。続いてハスをケイトウの近くに3本入れる。

Point

あまり厚みを持たせたくないので、花材の8割はストラクチャーの内側に入れて束ねる。

3

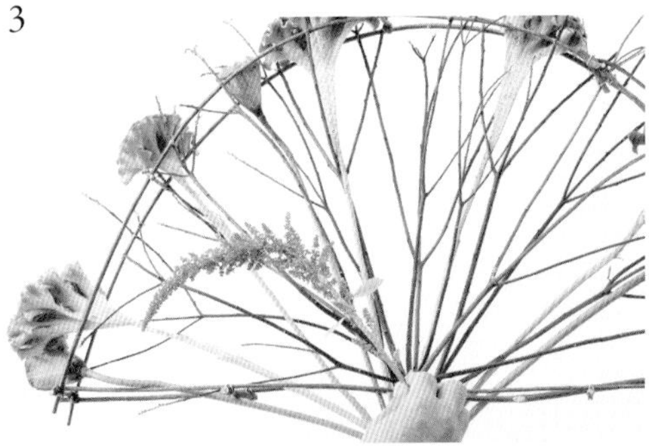

アマランサスを2本入れる。最後に入れるススキと色と形をリンクさせている花材。ススキの延長線上になる位置を想定して配する。

4

タリクトラムを4～5ヵ所に入れる。

Point

平面的で形がミツマタに似ているタリクトラムは、ストラクチャーの外側に沿わせて入れてもよい。

5

2種類のオンシジウムを5～6ヵ所に入れる。茎の流れを見ながら、底辺から両側に垂れるように入れる。

How to Make

6

アウトラインを形成する花材が入った状態。ここからはキキョウ、トリカブト、クレマチスなどの小花を全体にまんべんなく入れていく。

Point

ストラクチャーと茎の縦のラインがある程度見えるよう、立体感と抜け感を考えながら行う。

7

チョコレートコスモスはケイトウを背景にして入れると色が引き立つ。色のアクセントとなるキバナコスモスは高低差をつけ、目立ちすぎないように全体に散らす。アルバ・シルバーキャットは、バランスをとるために背面にも入れる。

8

フォーカルポイントにアジサイを入れ、左上に入れるススキの延長線上を想定し、アマランサスを右下に垂れるように配する。

9

グラス類を入れる。まっすぐなものはストラクチャーの縦のラインに沿わせ、流れを持つものは曲線を生かして横に広がるように配置。

10

クレマチスの葉を入れる。底辺から垂れ下がる位置と、ストラクチャーの上部に絡ませるように入れる。作業台の上に寝かせると作業しやすい。

11

ススキを、左上の高い位置に数本、高低差をつけて入れる。

Point

ドライになる花材なので保水はあまり気にせず、差し込むだけでもよい。

12

手元の花材を固定し、すっきり見せるためにノイバラを根元に1周入れる。細く硬い茎が安定感を与え、この花束のイメージに合うことから選択した花材。

13

完成。斜め横から見た様子。厚みを出さずに扇形を作るにはストラクチャーの内側に花を配置することが必要。ただ、極度に平面を意識すると空間がなくなり重い印象になるため、線の細いグラス類などは少しふくらまし気味に束ねる。

‖ 花材を足し引きして印象を変える ‖

金風になびく秋草の風景をアレンジメントに

P.84の花束とほぼ同じ花材を使用し、より風の動きを感じるデザインに。見る人の興味を引くため、斜めに傾けて飾ることを想定して制作しました。左側のケイトウから色をつなげ、小花とグラス類を中心に集めてバランスを取ります。キキョウは2番花を入れ、秋らしさを演出しました。

Flower & Green

●グリーンスケール ●ストロビランサス‘パープルプリンス’ ●エリムス‘アイシーブルー’ ●スモークグラス ●クレマチス ●アマランサス‘ホットビスケット’ ●コスモス‘ベルサイユ’ ●オンシジウム（レッドスター、シャーリーベイビー） ●キバナコスモス ●ハス（実） ●トリカブト ●キンミズヒキ ●アルバ・シルバーキャット ●パニカム ●ケイトウ‘アンティークオレンジ’ ●セダム‘ストロベリー＆クリーム’ ●フジバカマ ●タリクトラム ●クレマチス ●キキョウ

寒露 ══ かんろ

［ 二十四節気 - 10月8日頃 - ］

二十四節気の「寒露」とは、初秋に草木に宿る冷たい露のこと。収穫の時期を迎え、自然が色づき始める季節を、実ものをふんだんに使い表現。緑のブドウやクリ、アーモンド、ヒメリンゴにオレンジのビバーナム・コンパクタを合わせ、深まる秋の風景と色の移り変わりを見せています。

Flower & Green ●ヒメリンゴ ●スモークグラス ●アマランサス‘ホットビスケット’ ●アーモンド ●ドリコスルビー ●エキナセア‘カンタロープ’ ●ルリタマアザミ ●ノイバラ ●ヒメホオズキ ●ストロビランサス‘パープルプリンス’ ●アストランチア ●クリ ●フウセントウワタ ●ケイトウ‘クリスティーブラウン’ ●セダム‘ストロベリー&クリーム’ ●ビバーナム・コンパクタ ●ブドウ‘デラウェア’ ●チーゼル・フロナム ●スグリ（葉）

Idea Process

発想のプロセス

季節の言葉	寒露
↓	
テーマ	草木に冷たい露が宿る初秋を表現する
↓	
コンセプト	鮮やかなブドウの実が露に似ていることから着想を得て、アレンジメントを制作。 秋露と山々が色づく初秋の風景を実もので表現する。 ブドウが色づく途中のグラデーション（写真）をデザインに取り入れる
↓	
色	オレンジ、グリーン、深みを加える紫
↓	
花材	緑のブドウやクリ、アーモンド、ヒメリンゴ、ビバーナム・コンパクタなどの実ものを中心に
↓	
デザイン・テクニック	色をマスで見せるために逆三角形の構成にし、直線の輪郭を意識。 周辺は緑、中央から上部はオレンジ色の花材を配してメリハリを出す。 中央付近にはルリタマアザミやセダムを入れ、目を引く工夫を

‖ 花材を足し引きして印象を変える ‖

グリーンで見せる実りの秋

P.90の作例からグリーンの実ものを中心にセレクトし、コンパクトな花束を作りました。花材は少量ながら、ノイバラとホオズキの花、ブドウの葉でラインを出し、実ものをギュッと中心に集めることで豊潤なイメージを打ち出しています。

Flower & Green

●ブドウ'デラウェア' ●クリ ●ヒメリンゴ ●オモチャカボチャ'カスペリータ' ●ヒメホオズキ ●ニゲラ ●ノイバラ ●ルリタマアザミ ●アーモンド ●ヒョウタン ●フウセントウワタ

十一月
November

立冬 ══ りっとう

［ 二十四節気-11月7日頃- ］

二十四節気の「立冬」は、空気が冷たくなって木の葉が落ち、初霜や初雪の知らせが届く時期を指します。立冬から私が連想する色はグレー。くすんだ色みのバラと、シルバーがかった葉ものや実ものを合わせたグレイッシュカラーのアレンジメントで、この季節を表現しました。ガラスの器に入れた枯れ葉には、一部にパウダー状のパラフィンワックスを振りかけ、霜が降りた葉のイメージを演出しています。

朝夕冷えみ、日中の陽差しも弱まって冬が近いことを感じさせる立冬。立冬が過ぎると初霜が降りることから、その初霜のイメージを取り入れたデザインに。

Idea Process

発想のプロセス

季節の言葉	立冬
↓	
テーマ	初霜や初雪の知らせが届く、冬の始まりを表現する
↓	
コンセプト	朝夕冷え込み、日中の日差しも弱まる季節の印象から グレイッシュカラーをテーマとして選択。 初霜が降りた葉のイメージ（P.93）を取り込んだアレンジメントを制作
色	グレイッシュピンクと紫、シルバー
↓	
花材	くすんだ色みのピンクや紫のバラをメインに、 合わせる葉物や実ものはシルバーがかったものを選択
↓	
デザイン・テクニック	ガラスの器に入れた枯れ葉の一部にパラフィンワックスを振りかけ、 ガラスを通すことで霜が降りた葉のイメージを強調。 涼感の演出とはまた違ったガラス器の使い方を提案

Flower & Green

●クレマチス（蔓と葉）●バラ（エキゾチックエクレール、アヴニール＋、テナチュール、シュナーベル、オーシャンソング、ワンダーウォール）●セッカヤナギ ●サルスベリ（実）●アジサイ‘アルプスグリーン’ ●ユーカリ・テトラゴナ ●アストランチア‘スターオブビリオン’ ●ビバーナム・ティナス ●シンフォリカルポス ●シルバーブルニア ●シマススキ（ドライ）●グミ ●フジバカマ ●銀葉グミ ●エリンジウム ●クリやブドウなどの枯れ葉（以上、2点写真外）

How to Make

1

直径25×高さ25cmのガラス製の花器に枯れ葉を入れる。数枚の葉の表面には溶かしたパラフィンワックスを塗って乾かし、さらにスプレーのりでパウダー状のパラフィンワックスを接着し、側面に入れる。

2

鉢皿に高さ約13cmのフローラルフォームを固定し、ワイヤーをかませて1の上にセットする。セッカヤナギを挿してアレンジメントの高さと形を決める。180度展開・複数焦点で構成し、中央から放射状に広がる形を目指す。

Point

セッカヤナギは茎が細くフォームのダメージを軽減できるうえ、枝の表情が面白いことから選択。

3

銀葉グミを中央から放射状に広がるように挿す。バランスを取るために背面にも入れる。線の細い材料で高さとボリュームを出し、アレンジメントのシルエットを決める。

4

フジバカマを中央部分に挿す。銀葉グミよりは少し低い位置に。これで背の高い材料はすべて入った。

5

シンフォリカルポス、シルバーブルニア、エリンジウムなど茎や枝が太く硬いものを4より少し低い場所に配置する。

Point

枝分かれをしてボリュームのあるエリンジウムはスペースを埋めるのに役立つので小分けにはせず、この段階で入れる。

How to Make

6

背景となる花材がすべて入った状態。ここから、フォーカルエリアとなる部分を空けて、その周囲にバラを含めた残りの花材を入れていく。

7

ユーカリ・テトラゴナのような茎が太く真っすぐなものは場所を選ぶので先に挿し、その間にバラを入れるようにする。

8

アストランチアやビバーナム・ティナスもこの段階から入れる。中程度の高さに花材を入れたら、バランスを見ながら両サイドを広げていく。

9

花材は基本的にミックスで挿すが、バラは一部ゆるくグルーピングしてもよい。グミやサルスベリの実、ビバーナム・ティナスもこの段階から入れる。

色をつなげ安定感を与える役割のアジサイは、根元に近い場所に配置する。全体が扇形になったら、バラをメインにしてフォーカルエリアを埋める。

10

11

枝が短く、実のついた部分がカーブしているユーカリ・テトラゴナは、その形を生かしてアレンジの底辺となるようにフォームの側面に挿す。茎の短いシンフォリカルポスなども同様に。

12

クレマチスを下に流れるように入れる。長いものはフォームの奥に挿し、後ろからアレンジメントの上を通して正面をなめるように垂らし、動きと面白みを出す。

13

シマススキは#22ワイヤーで数本ずつまとめ、花が少ない場所に入れる。完成。

Point

ドライになった花材は直接フォームに挿すと湿って腐敗しやすいため、ワイヤリングをして使用。

‖ 花材を足し引きして印象を変える ‖ 秋の名残をまとわせた花束

木々の色づきが進み、葉が落ちる前のくすんだボルドー色の風景をイメージ。P.92の作例から紫系のバラのみをピックアップ。ボルドー色の染めのキイチゴ‘ベビーハンズ’やシキミアを合わせ、色を足しました。コンパクトに束ね、油絵のような印象を作り出しています。

Flower & Green

●シキミア ●バラ(エクソチックエクレール、オーシャンソング、アヴニール+) ●キイチゴ‘ベビーハンズ’(染め) ●エリンジウム‘ブルーグリッター’ ●アジサイ‘アルプスグリーン’ ●フジバカマ ●アストランチア‘ローマ’ ●シュウメイギク ●ビバーナム・ティナス ●サルスベリ(実)

晩秋から初冬にかけて、春のように暖かくうららかな日のことを小春日和、または「秋麗」といいます。この言葉からイメージする花というと、日本的な情緒を持ったものが連想されがちですが、ここでは、洋花の代表であるバラを中心に旬の花材を合わせ、優美な印象のアレンジメントを制作しました。茎が真っすぐなバラを枝物と合わせて斜めに挿し、紅葉が秋風になびいているようなデザインにしています。

十一月 November

秋麗 ── あきうらら

[秋の季語]

秋晴れの空の下、穏やかな風にそよぐ紅葉から着想を得てデザイン。

Idea Process

発想のプロセス

季節の言葉	秋麗
↓	
テーマ	春のように暖かい、秋晴れのうららかな日を表現する
↓	
コンセプト	「麗しい」という言葉から連想される洋花の代表バラと、 旬の花材を合わせ、温かさと優美さを併せ持つアレンジメントを制作
↓	
花材	茎が真っすぐなスタンダードタイプのバラをメインに、 その色とリンクするベニバスモモのほか秋らしいものを選択
↓	
色	赤、ピンク、紫、オレンジ
↓	
デザイン・テクニック	バラは枝物と合わせて斜めに挿し、風になびいているような印象に。 茎の真っすぐなバラも、こうすることで自然風景の一部のように ナチュラルに仕上げることが可能に。 季節感と同時に、人の視線を止めるインパクトも意識する

Flower & Green

●スズバラ ●ササゲ‘サマンサクロー’ ●ジニア ●ドリコス ●ラペイロージア ●クリ（実） ●アンブレラファーン ●アカバセンニチコウ ●ケイトウ3種 ●アジサイ2種 ●アストランチア ●ヴェルノニア ●ヒマワリ ●リコリス ●アイビー ●アマランサス‘ホットビスケット’ ●バラ（マロンフォレスト、さざ波、カーム波、ほか1種） ●クリ‘サレヤロマン’ ●ベニバスモモ ●パニカム（染め） ●剪定したバラの茎（写真外）

How to Make

1

花器に吸水させたフローラルフォームをセット。剪定したバラの茎でアウトラインを取る。右側は垂直に、左に向かうにつれて高さを出して斜めに挿し、左斜め60度ぐらいに傾いて見える形にする。

Point

バラの茎は、バラらしさを表現するためトゲは残す。

2

ベニバスモモを、1のアウトラインに沿って配置する。手前に花が入ることを考え、邪魔になる葉は適宜間引き、また枝の姿を見ながら、必要な形になるように、ためてから挿す。

3

ベニバスモモと、その間にスズバラを配置し、アレンジメントの形が決まった状態。左に流れる部分とバランスを取るため、右下にはスズバラやアジサイを挿す。

4

ベニバスモモの葉の下あたりにケイトウやアマランサスを左斜めに挿し、段差をつけて淡いピンクのバラ‘マロンフォレスト’を挿す。

5

フォーカルエリアとなる部分は空けて、その周囲を囲むようにリコリスやアストランチアなども配置する。

6

4で挿したバラと同じぐらいの高さにリコリスやドリコスルビーなどを挿し、クリ‘サレアロマン’を入れる。

Point

クリは秋を象徴する花材なので、色や形が全体の中で目につく場所を意識して配置する。

7

残りの濃いピンクのバラ3種類を、色の濃淡や形を見ながら空いている部分に垂直に挿し、フォーカルエリアを埋める。高低差をつけ、間にアカバセンニチコウやアストランチアなどを入れながら自然な雰囲気を作る。

8

右上にパニカムを挿す。ヴェルノニアを全体を見て数ヵ所、色がポイントとなる場所に入れる。

9

ラペイロージアを数ヵ所に挿す。茎の動きを生かし、ところどころバラにかかるように入れる。

10

左側とバランスを取るために花材を配した右下の部分にアクセントとしてスズバラを挿し、完成。

‖ 花材を足し引きして印象を変える ‖

変わり咲きのバラを見せる花束

スタンダードタイプとは異なる魅力を持つ変わり咲きのバラ。フリル状の花弁とグリーンとオレンジの複色が個性的な‘フラッシュアイ’の姿を強調するため、高低差をつけずにグルーピングで制作しました。タイサンボクの葉で作ったパーツを入れるなど、葉物使いにもこだわっています。

Flower & Green

●バラ‘フラッシュアイ’ ●セダム ●ケイトウ ●アイビー ●グレビレア・バイレヤナ ●ワックスフラワー ●ジニア ●アマランサス‘ホットビスケット’ ●ピンクッション ●アメリカテマリシモツケ ●ケイトウ ●ササゲ‘サマンサクロー’ ●ユーフォルビア ●パニカム（染め） ●タイサンボク（葉）

タイサンボクの葉は中央の葉脈を挟んで両側の曲線部分をカットして長方形に整え、ワイヤーを通して扇子状にまとめてパーツにしている。

山茶始開 ━━ つばきはじめてひらく

［ 七十二候第五十五候 ］

七十二候の「山茶始開」は立冬の初候で、11月初旬を表す言葉。山茶は「ツバキ」と読みますが、実際はこの時期に開花するツバキ科のサザンカのことです。冬枯れた灰色の景色に彩りをもたらすこの花のイメージを、サザンカに似た形のバラ2種類とツバキの葉を使って表現しました。

Flower & Green　●バラ（AD、レッドラナンキュラ、エキゾチックエクレール）●ツバキ（葉）

Idea Process

発想のプロセス

季節の言葉 山茶始開

↓

テーマ 山茶＝サザンカが咲く季節を表現する

↓

コンセプト 葉の間から見え隠れするサザンカの花の様子（写真）を花束に

↓

色 赤、グリーン

↓

花材 赤いバラはサザンカに咲き方の似た一重と八重の品種をセレクト。花が落ちたあとの実をイメージしてグリーンのバラを少量入れる。ためがきき、洋花にも合うツバキの枝で表情を出す

↓

デザイン・テクニック 濃い緑のツバキの葉をクッショングリーンにし、バラの赤い色をビジュアルフォーカルポイントにして束ねる

║ 花材を足し引きして印象を変える ║

ツバキの葉をイメージしたモダンアレンジ

P.104の自然的なイメージの花束に対し、ツバキの葉とバラを造形的にデザイン。ツバキの葉と似た形の器を選び、葉は虫ピンでフローラルフォームの上にうろこ状に留めています。器の丸い部分に赤いバラをマスで配置し、密な部分と葉のラインのコントラストで印象的に仕上げました。

Flower & Green

●ツバキ（葉）●バラ（ファンファーレ、AD、レッドラナンキュラ）●ベニアオイ ●シキミア ●ビバーナム・コンパクタ

Column [コラム]

Part 3　愛用の道具

私が道具に関して一番大切にしていることは、メンテナンスが容易なことです。例えばナイフ。職業柄、1日に千本以上の花を挿すこともあるため、刃を交換すれば切れ味がよみがえる、文具店で入手できるカッターナイフを愛用しています。
次に大切なことは愛着です。道具は手足のような存在。長い時間連れ添うものなので、使っていてできた傷や汚れさえも愛おしくなり、経年変化とともに体の一部になることが理想です。
最後は花の美しさを邪魔しない色や形です。例えば、花を生けるときに蛍光オレンジ色のハサミの柄が目に入ると、繊細な色みの植物素材を扱う場合は邪魔になります。ですから、自然に溶け込む色やデザインを好んでいます。
私が愛用する4つの道具を紹介します。

A［霧吹き］ステンレス製で作品の仕上げに使用。霧が細かく使いやすいうえに見た目もよいので、デモンストレーションなどでは観客向けに「作り終わりましたよ」という合図としても活用しています。
B［スケール］スウェーデンのメーカーのもので木製。背の高い作品の高さを計測する際に使用しています。折り畳み式なので、伸ばしても固定されて曲がらない点が便利です。
C［カッターナイフ］愛用歴20年以上で国内メーカー製。枝物以外の花材を切るために使用しています。柄の部分を削って凹凸をつけ、滑り止めに。
D［ハサミ］刃が交換できる国内メーカー製。枝物用として10年近く愛用。もとは柄がオレンジ色でしたが、コーティングを剥がしています。

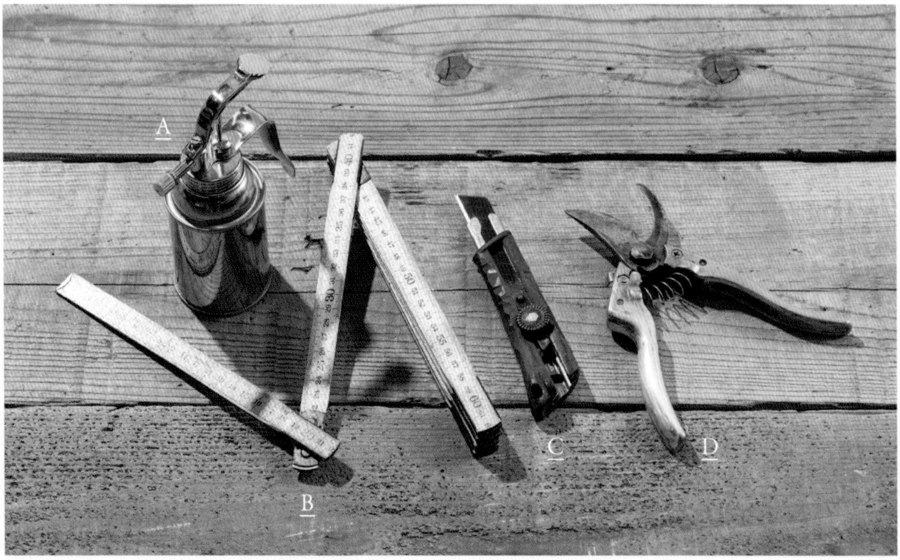

冬

Winter

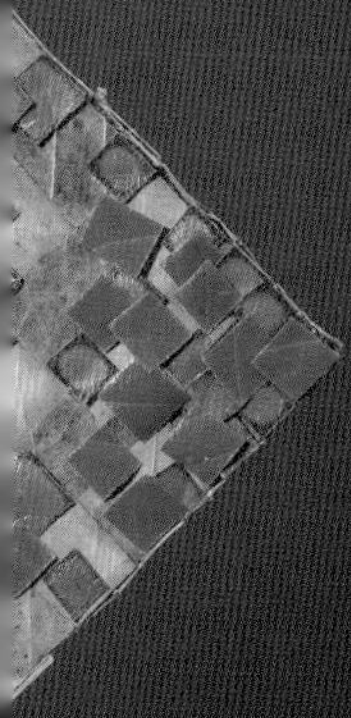

十二月

December

冬至《とうじ》

［ 二十四節気-12月22日頃- ］

二十四節気の「冬至」は北半球では一年でもっとも昼が短く、夜が長くなります。この日を境に太陽が再び力を盛り返すことから、古くから世界各地で冬至の祝祭が行われてきました。これがクリスマスの起源という説もあります。このクリスマスリースは、冬至の頃の森の風景をイメージして制作しました。タイサンボクを小さくカットしてパーツにして土台を作り、アカヅルのリースを組み合わせています。

デザインの源となった冬至の頃の静かな冬の森の風景。森のイメージをタイサンボクの葉とアカヅルで表現している。

Idea Process

発想のプロセス

季節の言葉	冬至
テーマ	一年でもっとも昼が短く、夜が長くなる季節を表現する
コンセプト	冬至の祝祭がクリスマスの起源という説から、 静かな冬の森（P.109）をイメージしたクリスマスリースを制作
色	茶色、グリーン
花材	常緑樹のタイサンボクを土台に使用。 アカヅルと各種実もので作るリースを組み合わせる
デザイン・テクニック	タイサンボクは光沢のある表面と、 スエード調の裏面の色と質感を生かしてパーツにし、貼り付けて土台に。 中央には生命の象徴として緑のコケを配する

Flower & Green

●アカヅル ●コケ ●タイサンボク（葉） ●キンカン（実） ●ゲットウ ●アーモンド（以上、3点ドライ） ●流木 ●実もの各種（ミニツガ、トウヒ、ミニバクリ、ユーカリ、ヤシャブシ、アンバーバーム、カネラなど）

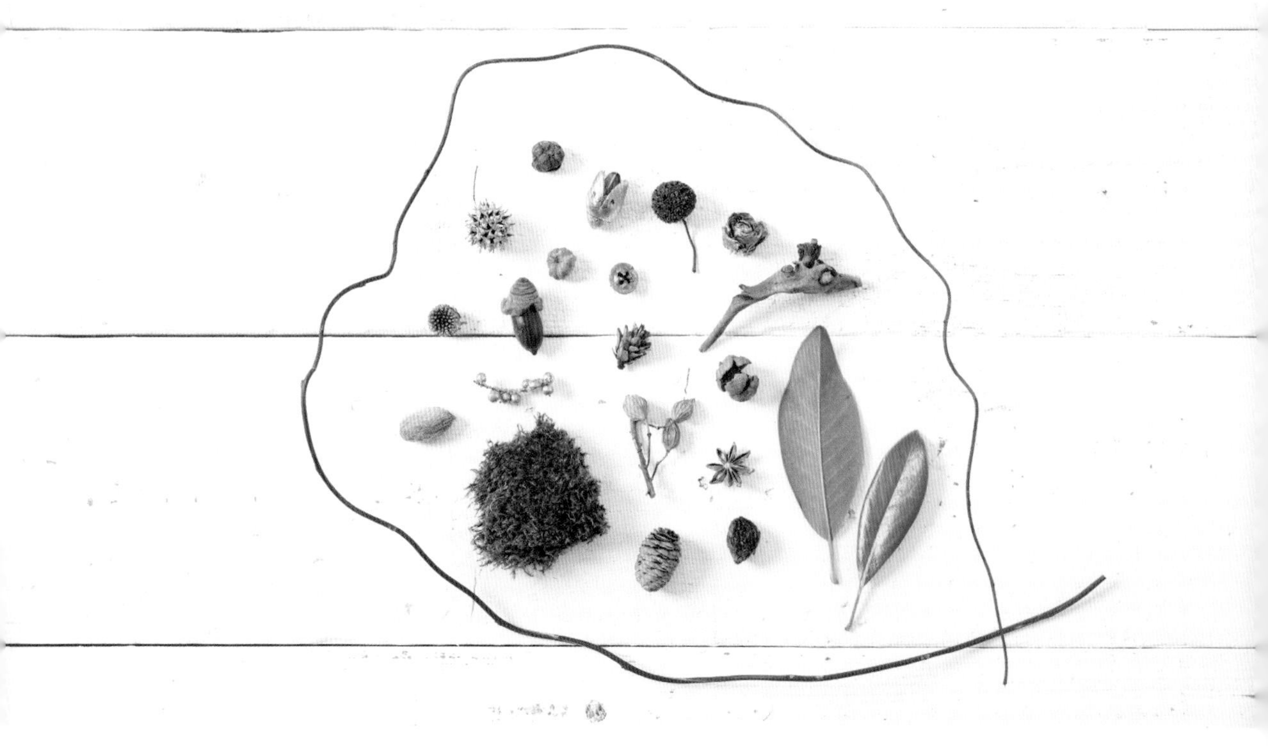

How to Make

1

土台を作る。プラスチックダンボールをカットして側面となる45×5cmの長方形4枚と、上面と底面となる45cm角の正方形を2枚作る。側面と底面をボンドなどで接着して器を作り、上面には直径40cmの円形の穴を開けてから接着する。底面の裏には、補強のために45cm四方の木の板を木工用ボンドで接着する。

2

タイサンボクの葉をカッターで中央の葉脈に沿って2枚に切り分け、土台用に約2.5×3cmの長方形、装飾用に1.5cm角にカットしてパーツを作る。

3

左／土台の表面に2をグルーで1枚ずつモザイク模様になるように貼り付ける。茶色のパーツをベースとし、上面の四つの角と辺には緑のパーツをパラパラとこぼれ落ちたようなイメージで、アクセントになるように貼り付ける。　上／四つの角のうち一つの角には、パーツ数枚を組み合わせて立体的な部分を作る。

4

スタイロフォームをカットして入れ、土台の底に木工用ボンドで接着する。

Point

シート状のコケを取り付けた際に自然な雰囲気に見えるよう、フォームの表面は削って凹凸をつける。

5

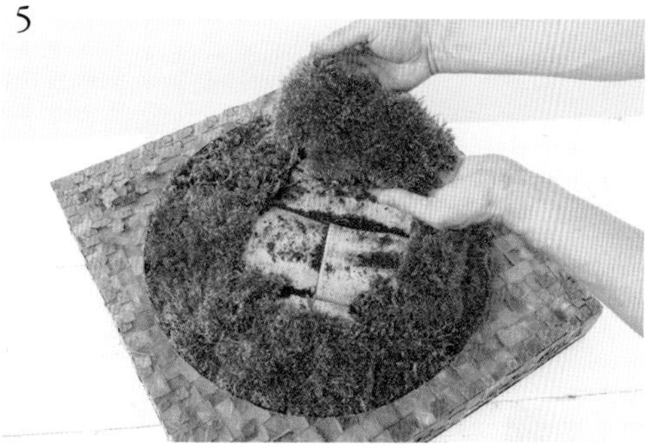

4の上にシート状のコケをのせる。

How to Make

6

吊るしたときに落ちないように、♯24または♯26地巻きワイヤーで作ったUピンを数ヵ所に挿してコケを固定する。

7

土台の完成。タイサンボクのパーツを立体的に取り付けた角が、飾ったときに上になる。続いてリースのベースをつくる。アカヅルはあらかじめ水（急ぐときはぬるま湯）につけて柔らかくし、リースの芯に巻きやすい形にためる。

8

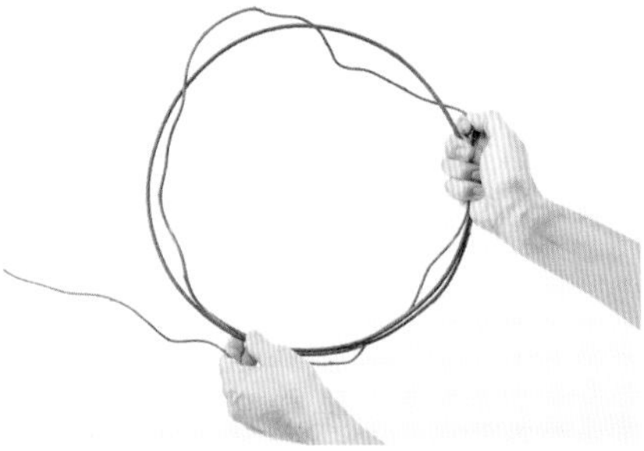

コチョウランの支柱ワイヤーを直径40cmのリング状にしてリースワイヤーで固定し、茶色のフローラルテープを巻きリースの芯を作る。アカヅルの根元に近い太いほうをリースワイヤーで固定し、先端の細いほうが時計回りの方向に向くように芯にからめる。

9

8の要領でアカヅルを1本ずつからめて輪を膨らませる。全部で15本使用。リースのベースの完成。

10

ドライの材料や実もの、タイサンボクの葉のパーツをグルーでベースに取り付ける。カットしていないタイサンボクの葉も枝の間に差し込む。飾ったときに下になる部分には、実ものとタイサンボクの葉のパーツを組み合わせ、垂れ下がる形に固定する。リースの完成。

Point

アカヅルの枝の形や質感を見せたいので密にはしない。

上下を確認して土台を置き、リースを中央にのせ、♯18地巻きワイヤーで作ったUピンで固定する。Uピンの先は斜めにカットし、面に対して斜めに挿し込む。

11

12

＃26ワイヤーでワイヤリングをしたドライの材料と実ものをコケの上に挿し、タイサンボクのパーツをグルーで接着。

Point

リースからパラパラとこぼれ落ちたようなイメージで。

13

完成。額吊り用金具を土台の裏に取り付けて紐を通し、吊るす。飾ったときに土台の角が上下にくるようにデザインし、上から実ものやタイサンボクの葉がこぼれ落ちて下に流れるというストーリーを表現した。

‖ 花材を足し引きして印象を変える ‖

タイサンボクの枝の動きを見せる

P.108のリースに使用したタイサンボクの枝の、動きを取り入れてアレンジメントに。剪定後の脇枝も活用しました。力強く湧き出る様子を効果的に見せるため、花器は横長のバスケットを選択。タイサンボクの葉の裏の色と質感に合う花を低くフラットに配し、「静と動」の対比を強調します。

Flower & Green

●タイサンボク ●パフィオペディルム'フェアモード' ●バラ（シュナーベル、リリカ、バニラカタリナ） ●セルリア ●シキミア ●ハートカズラ ●ヒューケラ ●スモークツリー ●ベゴニア ●シャリンバイ ●リューカデンドロン・プルモーサス ●クレマチス（蔓）

十二月

December

閉塞成冬 ── そらさむくふゆとなる

［ 七十二候第六十一候 ］

二十四節気の「大雪《たいせつ》」の初候である七十二候の「閉塞成冬」は12月初旬を指す言葉。雪国では灰色の雲が雪を降らせ、本格的な冬が訪れます。ドライになったドウダンツツジの枝と、白いコチョウランをメインにツリー形のアレンジメントを制作し、白&グレーの雪の世界を表現しました。

Flower & Green ●ユーカリ（グニ、ベルガムナッツ、グロボラス）●コニファー（シルバースター、コルムナリス、ブルーバード、エンパイア）●アルテミーシャ ●チランジア（フクシー、テクトラム）●グレビレア‘アイバンホーブロンズ’ ●スプレーブルニア ●ウーリースプーン ●リューカデンドロン・プルモーサス ●コチョウラン‘ユキンコ’ ●シャリンバイ ●ドウダンツツジ（ドライ）●ナンキンハゼ ●シラカバ（樹皮）（以上、2点写真外）

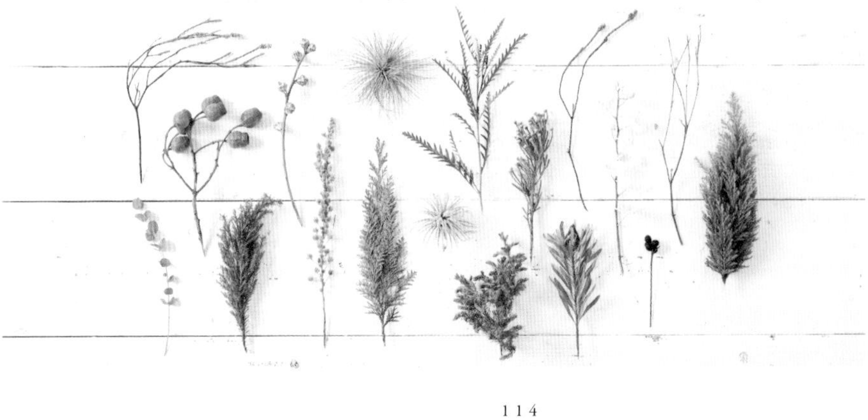

Idea Process
発想のプロセス

季節の言葉	閉塞成冬
↓	
テーマ	雪が降り出し、本格的な冬が訪れる季節を表現する
↓	
コンセプト	雪景色（写真）をイメージしたツリー形のアレンジメントを制作
↓	
色	白、グレー、グリーン
↓	
花材	ドライになったドウダンツツジの枝で円錐形のストラクチャーを制作。白いコチョウランをメインに、グレーがかったエアプランツやネイティブフラワー、実ものを合わせる
↓	
デザイン・テクニック	シラカバの樹皮を貼った円形の器にフローラルフォームをセット。コニファーを円錐形に挿し、ドウダンツツジのストラクチャーをかぶせて花材を配置。コニファーは葉先がきれいに尖っているポット苗をカットして使用

花材を足し引きして印象を変える ‖ 冬の森の情景を花束に

P.114の作例に使った花材を一部使用しながら、イエロー&グリーンの温かみのある雰囲気にチェンジ。コニファーはシルバー系の‘ブルーバード’の代わりにライトグリーンの‘ゴールドクレスト’を入れました。バラ‘グリーンアイス’をセンターにマスで組み、雪や氷の塊を表現します。

Flower & Green

●バラ‘グリーンアイス’ ●コニファー（ゴールドクレスト、コルムナリス、シルバースター） ●アルテミーシャ ●チランジア・アエラントス ●スプレーブルニア ●ユーカリ（グロボラス、ベルガムナッツ、グニ） ●リプサリス ●バーク

「初景色」は初気色とも書き、新年に初めて見る風景を指します。元旦は森羅万象が改まるようで、言葉にできない特別な雰囲気を感じます。背筋をピンと正し、新しい気持ちになる一年の門出に見る景色、その言葉から受ける印象を、枝物を使い、新春の装飾にふさわしい和のイメージの花束にしました。四季折々の枝物の魅力の一つは直線と曲線が入り混じった枝ぶりです。その動きと表情を取り込みました。

一月

January

初景色《はつげしき》

[新年の季語]

新年らしいイメージの水引の写真を花束の色の参考に。赤からサーモンピンクの色のグラデーションを、ボケとマユミ、サンゴミズキの3種類の枝物で表現した。

Idea Process

発想のプロセス

季節の言葉	初景色
テーマ	年が明け、元旦に最初に見る景色の印象を表現する
コンセプト	背筋をピンと正し、新しい気持ちになる一年の門出に見る景色、 その言葉から受ける印象を、枝物を使った花束で表現する
色	赤からサーモンピンクのグラデーション。水引の写真（P.117）を参考に
花材	早春に花を咲かせるボケと、サーモンピンクの実の形が個性的なマユミに、 サンゴミズキの直線のラインを加え、 動きのミックスと色のグラデーションで面白さを出す
デザイン・テクニック	3種類の枝を最初にスパイラルに束ね、枝の色調に合わせた花を加える。 あえて松は使わず、新年にふさわしい大輪の菊をメインにし、 松の内を過ぎても飾れる花束に

Flower & Green

●カンガルーポー ●ピラミッドアジサイ ●サンゴミズキ ●リューカデンドロン ●アンブレラファーン ●キク（トムピアーズ、オレンジエポック、カリメロ、ほか） ●マユミ ●アジサイ ●ボケ ●ライスフラワー ●シンフォリカルポス‘紫小町’ ●ワックスフラワー

How to Make

1

枝物3種をスパイラルで束ねる。ボケは枝ぶりがよく見えるように剪定し、花をまびく。中心となる1本目は枝のまっすぐなボケを持ち、2本目にサンゴミズキを合わせ、続いてボケを加える。

2

枝の形を見ながらサンゴミズキとボケを交互に加えて中心部分を作る。

3

中心部分ができたらマユミも加えていく。花がたくさんついているものは外側に入れる。ボケも枝が張り出したり曲がったものは外側に加える。

Point

暴れる枝はサンゴミズキで押さえるようにする。

4

枝物3種をすべて束ねた状態。サンゴミズキは中心にも外側にもまんべんなく入れるとバランスがとれる。麻紐でバインディングポイントを結束する。

Point

この状態で、ほかの花材を加えるまでディスプレーしておいてもよい。

5

枝物以外の花材を4の周囲に加える。枝の近くには、アジサイなどクッションとなる花材を入れる。

6

花材を足していく。隣同士に同じ種類や色が並ばないように注意する。キク‘カリメロ’はグルーピングして入れる。

7

キク‘オレンジエポック’をフォーカルポイントに入れる。

8

シンフォリカルポスは下に流れるように花束の外側に入れる。

Point

上のボリュームとのバランスを取り、花束の展開を作る役目もあるため。

9

花束を保護し、花材を固定する役割としてアンブレラファーンを根元に1周入れる。

10

麻紐で結束し、茎を斜めにカットして完成。

‖ 花材を足し引きして印象を変える ‖

サンゴミズキで作るブーケアシスト

P.116の花束に使用したサンゴミズキでブーケアシストを作り、マユミとボケを合わせました。アシストはボケの花の形に見立て、アジサイの花弁をあしらい、P.116のイメージを抽象的に表現。枝物の色を引き立てるため副花材はグリーンをメインにし、シンフォリカルポスをアクセントに添えています。

Flower & Green

●マユミ ●サンゴミズキ ●ボケ ●シンフォリカルポス‘紫小町’ ●ライスフラワー ●リューカデンドロン ●ナデシコ‘テマリソウ’ ●ワックスフラワー ●キク‘カリメロ’ ●アジサイ

枝はループ状にしたものを6つ用意。リースワイヤーでつなげて花弁の形を作り、中央にもループ状にしたサンゴミズキを上から当ててリースワイヤーで固定し、♯18ワイヤーで脚を取り付けている。

1月は二十四節気の「小寒《しょうかん》」と「大寒《だいかん》」にあたります。寒さは厳しくなりますが空は澄み、地面に目を凝らせば小さな命の芽吹きが見つかる季節です。この花束は、小寒の初候である七十二候「芹乃栄」から着想を得て制作しました。セリは春の七草の一つとしてもお馴染みです。同じセリ科のホワイトレースフラワーほか春の七草を思わせる花材を集め、新芽が芽吹く様子を表現しました。

一月 January

芹乃栄 ―― せりすなわちさかう

[七十二候第六十七候]

セリは1月に水辺で育つ植物で、春の七草の一つ。そのことから、花材や色みの参考に春の七草のイメージを選択。

Idea Process

発想のプロセス

季節の言葉	芹乃栄
テーマ	厳しい寒さの中、セリが冷たい沢の水辺で芽吹く季節を表現する
コンセプト	セリが春の七草（P.123）の一つであることから、 春の七草のイメージを持つ花束を制作し、新芽が芽吹く様子を表現
色	白とグリーン
花材	セリ科のホワイトレースフラワーや、ナズナのほか 春の七草を思わせる花材を集め、白&グリーンにほんのりと色をプラス
デザイン・テクニック	野原で摘んだ草花を束ねたようなイメージで、風が通る空間を意識する。 旬の花材であるハボタンや、チューリップも潜ませ、 覗き込んだときに発見の楽しさがあるように構成

Flower & Green

●ホワイトレースフラワー ●イソギク ●ヘリクリサム ●シレネ（グリーンベル、サクラコマチ） ●アゲラタム‘ベルベットピンク’ ●ハボタン‘桃てまり’ ●レモンリーフ ●キャットミント ●スカビオサ‘ペールピンク’ ●ナズナ ●ツルバキア ●ローズゼラニウム‘スノーフレーク’ ●ガーベラ（葉） ●ストック ●ルドベキア‘ヘンリーアイラーズ’ ●アルテルナンテラ ●チューリップ‘スーパーパーロット’ ●プロスタンテラ ●マトリカリア‘イエローペグモ’

How to Make

1

ナズナやシレネ、キャットミント、マトリカリアなど動きのある花材とハボタンで花束の中心を作る。技法はスパイラル。旬の花材であるハボタンは、花束を覗き込んだときに目に入るビジュアルフォーカルポイント。全体の中で主張が強く出すぎないよう、手元に高低差をつけて3ヵ所に入れる。

2

スカビオサなども入れて花材を足す。ナズナはクッションの役割。花材はミックスで高低差をつけながら、全体にまんべんなく配置することを意識して束ねる。ストックは下についている花を少し間引く。

3

クッションと、色みをプラスする役割を持つイソギクは手元に入れる。

4

ツルバキアやプロスタンテラ、ヘリクリサムなども混ぜてさらに花材を足す。ルドベキアは全体の色を引き締める役割。3ヵ所に離して入れる。

Point

一ヵ所にまとめて入れると目立ってしまい花束の雰囲気が壊れるため。

5

さらに花材を加えて花束を広げる。アゲラタムもルドベキア同様、色のポイントとなる花材なので、かたまらないように分散させる。

How to Make

6

パーロット咲きの白いチューリップは、花としての主張が出すぎないようにするためと、茎が伸びることを考えて低い位置に入れる。

Point

チューリップは、春の七草のスズナ（カブ）やスズシロ（ダイコン）に形が似ていることから選んだ花材。

7

茎がカーブしているキャットミントなどは、外側に入れて動きを見せるとよい。アルテルナンテラやホワイトレースフラワーなど、ラインが美しく空気感とボリュームが出せる花材は外側にも入れる。

8

ローズゼラニウム、ガーベラの葉、レモンリーフ以外の花材がすべて入った状態。上から見ると、全体にまんべんなく花材が配置されていることがわかる。

9

根元にグリーンを入れて花束を展開させる。ローズゼラニウムはチューリップの下に入れ、花を持ち上げるようにすると固定できる。また手元の茎と茎の間に凸凹があるところにはめ込むように入れると、茎の周囲が丸く整う。

10

ガーベラの葉は、茎を保護する役割。根元に均等に入れる。

Point

ナズナの葉に形が似ていることから選んだ花材。

11

レモンリーフは、茎が柔らかい花材のみ保護するために入れる。全体に入れるとカチッとした印象になり、花束の雰囲気と合わなくなるため。

12

完成。

Point

横から見て180度に広がる形が理想。さまざまな角度から眺めたり、覗き込んで楽しめるように構成する。

花材を足し引きして印象を変える　ハボタンをグラフィカルに見せる

P.122の花束に使用したハボタンが主役。ハボタンは葉を少し間引いて形を調整し、正方形のフローラルフォームにジグソーパズルのようにアレンジしました。間にはフリル状の葉がハボタンに似たローズゼラニウムを差し込み、境界線を作って個々のハボタンの姿を引き立てています。

Flower & Green

●ハボタン‘桃てまり’●ナズナ ●ルドベキア‘ヘンリーアイラーズ’●ヘリクリサム ●レモンリーフ ●ローズゼラニウム‘スノーフレーク’●ホワイトレースフラワー ●シレネ‘サクラコマチ’●アルテルナンテラ ●プロスタンテラ ●キャットミント ●マトリカリア‘イエローペグモ’

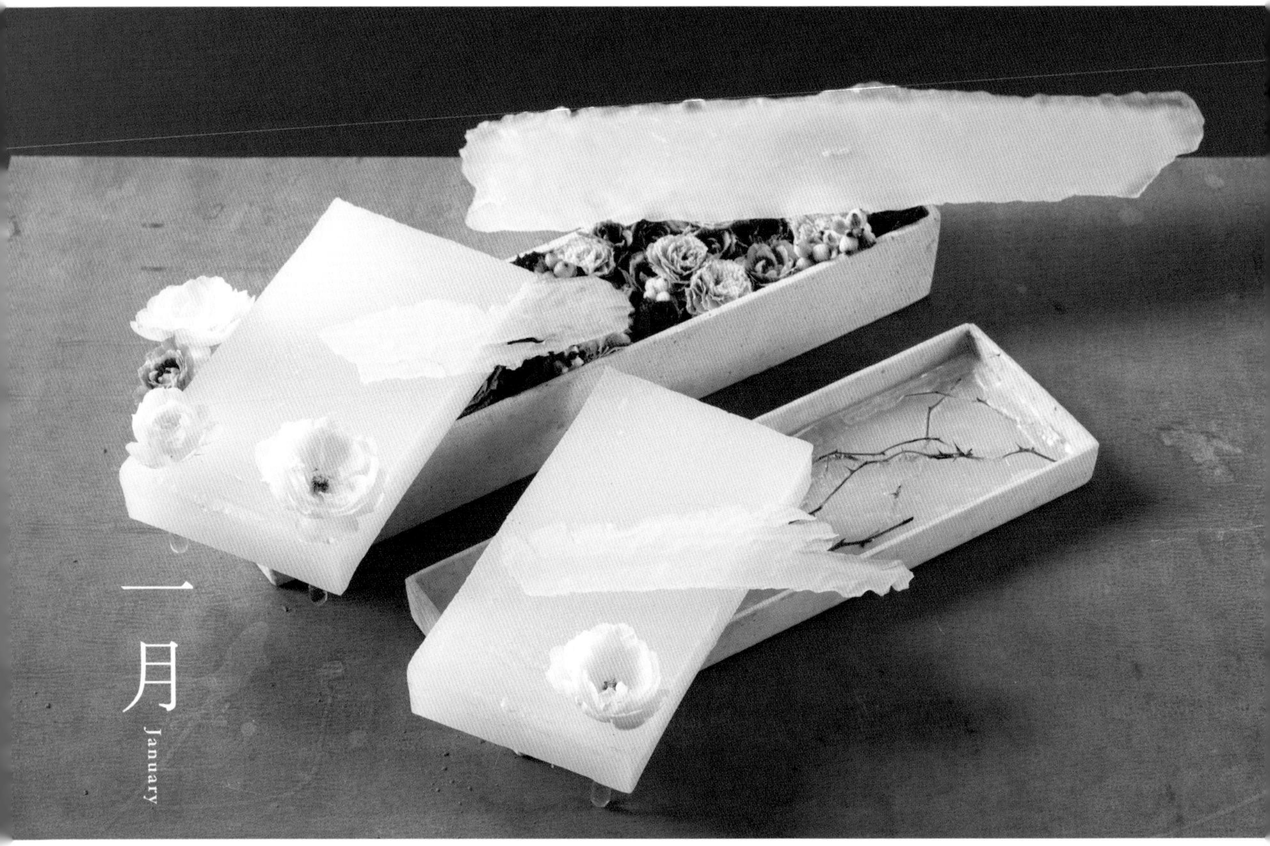

款冬華 ══ ふきのはなさく

［ 七十二候第七十候 ］

大寒の初候、七十二候の「款冬華」は、1年でもっとも寒さが厳しくなる季節を指します。池には厚い氷が張り、野山は雪に覆われますが、その下ではフキノトウなどの春の植物がそっと芽吹きます。氷の下から淡い色みの和ばらが現れるアレンジメントで、そんな心象風景を表現しました。

Flower & Green ●バラ（花見小路、そら、葵、奏）●シンフォリカルポス●バラの枯れ枝（写真外）

Idea Process

発想のプロセス

季節の言葉	款冬華
テーマ	寒さが1年でもっとも厳しい中、春の植物がそっと芽吹く季節を表現する
コンセプト	氷の下に潜む春の訪れを表現。パラフィンワックスを氷に見立て、 下に春を予感させるピンクの濃淡の和ばらのアレンジメントを合わせる
色	ピンク、白
花材	フラットに咲く和ばらを4種類セレクト。 「冬の静寂」を表現するためにグリーンは使用せず、動きを抑える
デザイン・テクニック	パラフィンワックスは溶かし、長方形の器に流して固め、氷に見立てる。 白いバラはここに穴を空けてグラスチューブを仕込み、生ける。 手前の器には枯れたバラの枝を入れてから 溶かしたパラフィンワックスを流し、凍った池の様子を表現

‖ 花材を足し引きして印象を変える ‖

和ばらの美しさを花束に

P.128の作例に使用した和ばらを、結婚式で新婦が持つクラッチブーケのようなスタイルに。茎の柔らかさを生かし、庭に咲いているような自然な表情を引き出すことを意識しました。赤と白のストライプがバラの色と馴染みがよいアマリリス‘レティキュラータム’をフォーカルポイントにしています。

Flower & Green

●バラ（葵、そら、花見小路、奏）●アマリリス‘レティキュラータム’●ダイヤモンドリリー ●シンフォリカルポス ●アカシア ●ユーカリ・ポポラス ●ロシアンオリーブ ●アジサイ ●フランネルフラワー ●レモンリーフ

黄鶯睍睆 ── うぐいすなく

［ 七十二候第二候 ］

二十四節気の「立春《りっしゅん》」は、「節分《せつぶん》」の翌日の2月4日頃を指し、冬が開けて春に入る初日です。少しずつ日が伸びて気温も上がり、木々が芽吹き、生き物たちも目を覚まします。このアレンジメントでは、立春の次候「黄鶯睍睆」を表現しました。ウグイスが鳴く季節に咲く花といえば梅。梅の木々を春の花々が囲む山里の情景をイメージし、淡いピンクと白の花を中心にして軽やかでモダンな印象に仕上げました。

長い冬が明け、少しずつ暖かくなる季節を象徴する梅の花。交差する枝の様子もデザインの参考に。

Idea Process

発想のプロセス

季節の言葉	黄鶯睍睆
↓	
テーマ	木々が芽吹き、山里でウグイスが鳴く春の始まりを表現する
↓	
コンセプト	ウグイスが鳴く季節に咲く花といえば梅（P.131）。 梅の木々を春の花々が囲む山里の情景をアレンジメントで表現
↓	
花材	苔梅とロウバイなどの枝物に、淡いピンクと白の春の花を中心に合わせる。 苔梅が入ることで冬の名残が感じられつつ、春の花の生き生きとした表情が引き立つ
↓	
色	白、淡いピンク、黄色
↓	
デザイン・テクニック	苔梅とロウバイ、ヤシャブシでアウトラインを形成してから花を挿す。 枝や茎を交差させて配置し、軽やかでモダンな印象に仕上げる

Flower & Green

●コケウメ ●コチョウラン ●シャリンバイ ●ラナンキュラス（アリアドネ、ほか） ●バラ‘リトルウッズ’ ●スカビオサ（テラしおり、ほか） ●アルテルナンテラ ●ロウバイ ●ナデシコ（ラフィーネ ピア、テマリソウ） ●スイセン‘ペーパーホワイト’ ●シレネ‘サクラコマチ’ ●デルフィニウム‘さくら乙女’ ●ラークスパー ●ホワイトレースフラワー ●アオモジ ●ヤシャブシ ●アスチルベ ●オンシジウム‘ピンクムーラン’（以上、3点写真外）

How to Make

1

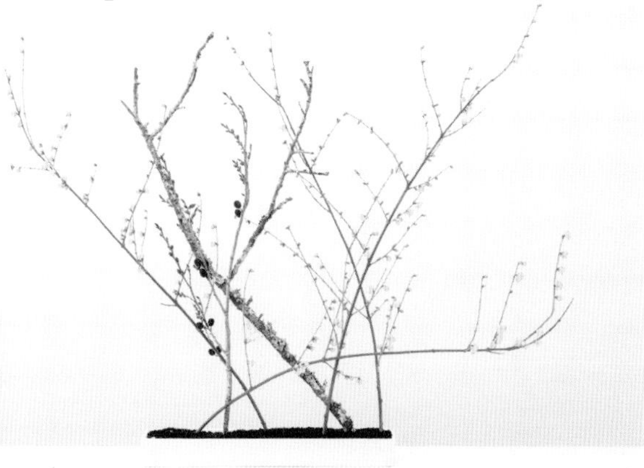

花器に吸水させたフローラルフォームをセット。最初にコケウメの位置を決める。枝ぶりを効果的に見せるために斜めに配置。ヤシャブシで支えてリースワイヤーで固定する。その左側と、コケウメと交差しながら右に広がる位置にそれぞれロウバイを1本ずつ挿し、倒れないようにヤシャブシとコケウメにリースワイヤーで固定する。縦にロウバイを2本配置して全体の形を決める。すべての枝が交差するようにすることが重要。

2

アオモジを全体のバランスを見ながら配置する。枝の表と裏の向きと形を確認しながら行う。枝が柔らかいので適宜広げながら、場所によってはコケウメの間を縫うように入れる。ここから上段、中段、下段と3段階に分けて花材を配置していく

3

全体の2／3程度の高さに上段の花材を入れる。メインはスイセンで、これにラークスパーや、茎のラインを見せるために花を間引いたホワイトレースフラワーのほか白と淡いピンクの花をバランスを見ながら配置する。

Point

茎を交差させて、透け感を出すことが重要。

4

花材を斜めに挿す場合は、入れたい場所に合わせて長さを確認してから茎をカットする。すっとした姿が美しいスイセンは、長さを生かして上段にだけ入れる。

How to Make

5

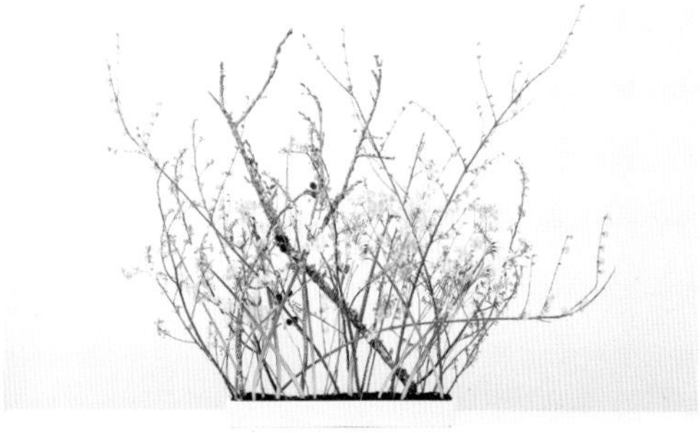

上段が完成。白い花とシレネやナデシコ、スカビオサ、デルフィニウムなど淡いピンクの花の中で、ロウバイの黄色がアクセントとなり、ヤシャブシの茶色の実もポイントに。

Point

茎は交差させることでモダンでグラフィカルな印象になる。

6

中段に花を入れる。ここからはバラや色の濃いラナンキュラスなども混ぜ、両側からバランスを見ながら花材を挿す。厚みを出すことも意識して、適宜裏からも入れる。

7

茎を交差させて透け感を出すことを常に意識。また同じ花が同じ高さで並ばないようにするなど、規則性を持たせないようにする。ただし、下段の花とは区別できる位置に。色の濃い花は奥に入れ、交差した茎の間から透けて見えるようにする。

8

下段を作る。花の挿し方は中段と同様にしながら、赤紫のスカビオサなどアクセントとなる花材を意識して入れていく。同じ色や花材が隣り合わないように注意する。

9

下段の完成。アオモジの色とリンクし、コケのイメージのナデシコ‘テマリソウ’を足元に入れ、左側の奥にはシャリンバイ、手前にはオンシジウムをアクセントに入れる。

Point

奥に色の濃い花を入れることで見る人の好奇心を誘うことができ、アレンジメントに奥行きが出せる。

10

ここからは仕上げ。アレンジメントに若干ふくらみを出すために、短いコケウメを手前左の足元に挿す。

11

右側には10のコケウメとバランスを取るためにコチョウランを配置。

Point

高貴な花なので、ある程度の主張が感じられる場所に挿す。

12

完成。

‖ 花材を足し引きして印象を変える ‖

植物の生命力を表現した花束

P.130で使用した苔梅が持つ「死」のイメージに鮮やかなアマリリスを対比させ、植物の持つ生命力を表現。中央のパフィオペディルムを通り、苔梅とモカラの根がつながって見えるように構成しました。枯れた印象のセッカエニシダに対して、噛みつきそうな勢いで花開くなまめかしいチューリップを配すなどコントラストを意識しました。

Flower & Green

●コケウメ ●チューリップ‘フラッシュポイント’ ●アマリリス‘リロナ’ ●アオモジ ●アンブレラファーン ●パフィオペディルム‘フェアモード’ ●セッカエニシダ ●シャリンバイ ●モカラ（根）

霞始靆 ══ かすみはじめてたなびく

［ 七十二候第五候 ］

二十四節気で2月19日頃を指す「雨水《うすい》」。その次候である七十二候の「霞始靆」は、春霞がたなびき、遠くに見える山や景色がぼんやりとかすんで見える頃です。霞のような雰囲気のユウギリソウやスターチスなどの小花と淡いピンクと紫の花で、優しい春の朝焼けの様子を表現しました。

Flower & Green ●オンシジウム‘ピンクムーラン’ ●スターチス‘パールオレンジ’ ●ナデシコ‘ラフィーネピア’ ●宿根スターチス（マルチーズ、ブルーファンタジア、フランボワーズ） ●スカビオサ‘テラしおり’ ●ユウギリソウ‘コーリンライトブルー’ ●アジサイ‘カシミール’ ●アルテルナンテラ ●アスチルベ ●スイートピー‘シルキーピーチ’ ●シレネ‘サクラコマチ’ ●レモンリーフ

Idea Process

発想のプロセス

季節の言葉	霞始靆
↓	
テーマ	春霞がたなびく季節を表現する
↓	
コンセプト	霞や雲が層を成し、薄く長く漂う朝焼けの風景（写真）から 着想を得てアレンジメントを制作
↓	
色	白、淡いピンクと紫
↓	
花材	霞のような雰囲気を持つユウギリソウやスターチスなどの小花と、 アジサイのほか風景写真のような朝焼け色の花を合わせる
↓	
デザイン・テクニック	小花の間から淡いピンクや紫の花が見え隠れするように組む。 色を効果的に見せるためにフラットに構成し、グリーンは使用しない。 複色のアジサイのグラデーションカラーが、この花束の色みを表現

‖ 花材を足し引きして印象を変える ‖

春霞のイメージを クラシカル&ゴージャスに

P.136の花束のイメージをアレンジメントで表現。P.136に使用した花材に加えてミューレンベルギアで霞の雰囲気を強調しています。石素材の花器の色みにリンクさせた茶色がかったシンビジウムで動きを出し、トルコギキョウでその色をリピートし、パステルカラーを引き締めています。

Flower & Green

●アスチルベ ●シレネ‘サクラコマチ’ ●ユウギリソウ‘コーリンライトブルー’ ●アストランチア ●アフリカンブルーバジル ●シンビジウム‘トラシアナム’ ●バラ‘リトルウッズ’ ●ナデシコ‘ラフィーネ ピア’ ●ミューレンベルギア ●オンシジウム‘ピンクムーラン’ ●スターチス‘パールオレンジ’ ●スイートピー（シルキーピーチ、ラベンダー） ●アジサイ‘カシミール’ ●アイビー ●シャクヤク‘レッドチャーム’ ●トルコギキョウ‘アンダーダブルショコラ’

光に包まれる花のイメージの参考にした春らしく明るい印象の菜の花の写真。光の印象はそのままに、菜の花の黄色は月光の白に置き換えて表現した。中央がつぼみで周囲の花が開いた様子もデザインのヒントに。

二月 February

花天月地 ── かてんげっち

[四字熟語]

「花天月地」は春に花咲く頃の月夜の景色を表した言葉です。花が月夜の空を埋め尽くすほどに咲き乱れ、月光がくまなく地上を照らす様子を花束で表現しました。春にふさわしい明るい雰囲気を演出するため、淡いグリーンの草花系の花を中央に集め、周囲にスイートピーを放射線状に広がるように束ねています。中央部のグリーンと月光をイメージした周りのスイートピーで色と動きにコントラストをつけました。

Idea Process

発想のプロセス

季節の言葉	花天月地
↓	
テーマ	春に花咲く頃の月夜の景色を表現する
↓	
コンセプト ↓	月光がくまなく地上を照らす様子を花束で表現。 光に包まれる菜の花の写真（P.139）にヒントを得て、 春の明るい印象の揺れて香るスイートピーの花束を制作
色	白、グリーン
↓	
花材	淡いグリーンの草花系の花とスイートピー
↓	
デザイン・テクニック	中央にグリーンの草花系の花を束ね、 周囲にスイートピーを放射線状に広がるように配置。 ガラスの器に飾ればスパイラルに束ねた細い茎の様子が軽やかで、 水越しに春の柔らかな雰囲気が伝わる

Flower & Green

●スワインソナ・ガレキフォリア ●クレマチス ●リューカデンドロン ●レースフラワー‘グリーンミスト’ ●コロニラ・バリエガータ ●ローズゼラニウム ●チューリップ ●スカビオサ ●ガーベラ‘エバーグリーン’ ●ラグラス ●ナデシコ‘テマリソウ’ ●ナズナ ●ミント ●アルバ・シルバーキャット ●パールアカシア ●スイートピー（クリスタル、ステラ） ●銀葉アカシア ●アスパラガス‘フクミドリ’（写真外）

How to Make

1

茎の真っすぐなリューカデンドロンとチューリップを中心に持ち、クッションのグリーンを間に挟みながらスイートピー以外の花材をスパイラルの技法で束ねていく。

Point

成長したり、茎が硬く真っすぐなものは早い段階で花束の中心部分に入れる。

2

ナデシコ‘テマリソウ’やレースフラワー‘グリーンミスト’も加えて花束を広げる。同じ花材が隣同士に並ばないように留意し、花材の特徴を見ながらグリーンの色と形の面白さを表現することを意識する。

3

茎が柔らかい材料は、外側に入れて動きを見せることが基本。ラグラスは凹凸と立体感を出す役割。ナズナはクッションの役目も持つが、早春を感じさせる花材なので、外側を中心に上に飛び出す位置にも入れて目立つように配する。

4

銀葉アカシアは、先端の葉がきれいで長さのあるものは残しておき、枝の流れを見ながらグリーンのパートの最後に入れる。グリーンのパートを押さえるために、根元に1周配置する。

5

グリーンのパートが完成。中央にはアクセントとなる白い花が入りまとまった状態で、外に向かって広がっていく構成。

Point

この段階で、花束として完成していることが大切。

スイートピーを加えて花束を展開させる。上から見て12時と6時の位置に最初に入れ、次に3時と9時の位置、1時と7時、という要領で、花束を回しながら対角の位置に加える。

6

How to Make

7

スイートピーは茎の流れを見ながら、水平に近い状態から斜めに寝かせるようにして加える。こうすることで、横から見て180度に広がる形に仕上がる。スイートピーがすべて入った状態。

8

麻紐で結束し、枝を斜めにカットして完成。上から見た様子。

Point

持つと花が揺れて甘い香りが広がり、ガーデンウェディングのブーケにも向く。

‖ 花材を足し引きして印象を変える ‖ 流れるリーススタイルのアレンジメント

P.138の作例とほぼ同じ花材を使用し、リース形フローラルフォームに一方向に向かって配置し、植物の躍動感を表現しました。挿し初めはグリーンをメインに、先端にいくにつれて花が密になるように構成すると流れと動きが強調されます。リングの中央にギフトやスイーツなどを潜ませ、ディスプレーしてもよいでしょう。

Flower & Green

●銀葉アカシア ●ローズゼラニウム ●アネモネ‘セントブリジット’ ●コロニラ・バリエガータ ●ナデシコ‘テマリソウ’ ●アルバ・シルバーキャット ●アストランチア ●スカビオサ ●アスパラガス‘フクミドリ’ ●ナズナ ●ガーベラ‘エバーグリーンスパイク’ ●ムスカリ ●シレネ‘サクラコマチ’ ●リキュウソウ ●スイートピー（クリスタル、ステラ）

おわりに

Epilogue

私が花の仕事を始めたきっかけは、海外で生活の糧を得るためでした。
言葉も通じない異国の花屋で働くことになり、最初の壁は技術の習得方法です。
その一つは、日本から船便で1カ月遅れで届く雑誌、
月刊「フローリスト」に掲載されている作品の写真を見て、
説明文を読み、作ってみることでした。
それから30年以上の年月が流れ、「フローリスト」で連載をし、
書籍としてまとめて出版することができたのは、この雑誌の存在と、
長年の実務経験や先輩同僚の教えを独自に考え試行錯誤した結果だと、
我ながら感慨深い気持ちで一杯です。

一昔前と違い、花の装飾業界は技術や知識よりも「感性」を重視する傾向だと感じます。
感性はもちろん大切な要素です。
ですが「なぜその花を選んだ?」「どうしてその形にした?」「どのような技術を使う?」と、
花を生ける前に深く考え、デザインを言語化できることも重要です。
SNS等で素敵な作品の画像を見て、それを真似て再現すれば、
自分のデザインができたように感じるかもしれません。
しかし、独自のデザインを創造するためには深く考えることが不可欠です。
素敵なフローリストは「花」を「華」に昇華させることができる人です。
本書が、花を扱う人々の発想を広げるために、少しでもお役に立てれば、とても嬉しく思います。

最後に、私の拙い文章をわかりやすく魅力的に仕上げていただいた
編集ライターの宮脇灯子さん、私では考えも及ばない花の隠れた美しさを引きだしていただいた、
フォトグラファーの岡本譲治さん、見やすく、上品で美しいデザインに仕上げていただいた、
デザイナーの千葉隆道さん、連載のきっかけをいただいた株式会社誠文堂新光社の編集者、
玉井瑞木さん、書籍化に際してご尽力いただいた、同・久保万紀恵さん、
そして、私の右腕として働いてくれた谷中直子さんと、第一園芸株式会社の皆様に感謝いたします。

花が美しいと思える世界がいつまでも続きますように。
Boa sorte!(ポルトガル語で「グッド・ラック」)

令和3年11月吉日
新井光史

新井光史 Koji Arai

1960年神戸市生まれ。花の生産者としてブラジルへ移住。その後、サンパウロの花屋で働いた経験から、花で表現することの喜びに目覚める。フローリスト日本一を決める競技会「ジャパンカップ」で内閣総理大臣賞を受賞した、第一園芸のトップデザイナー。また近年では、ウェディングやパーティ装飾、オーダーメイドアレンジメントの依頼のほか、さまざまなイベントに招致される機会も多く、国内外におけるデモンストレーションやワークショップなど、日本を代表するフラワーデザイナーの１人として、幅広く活動している。著書に『The Eternal Flower』(Stichting Kunstboek)、『花の本』(雷鳥社)などがある。

撮影　岡本譲治
アートディレクション　千葉隆道［MICHI GRAPHIC］
デザイン　千葉隆道／兼沢晴代
協力　谷中直子／岡部友子／羽田智香子［第一園芸株式会社］
編集　宮脇灯子

本書は、「フローリスト」(誠文堂新光社)2019年5月号〜2021年4月号に掲載された「季節の花を魅せるテクニック」から作品を抜粋し、加筆・修正をしたものです。

二十四《にじゅうし》節気《せっき》や七十二《しちじゅうに》候《こう》を形《かたち》にするための発想《はっそう》と技法《ぎほう》

季節《きせつ》の言葉《ことば》を表現《ひょうげん》するフラワーデザイン

2021年12月16日　発　行　　NDC793

著　　者　新井光史《あらいこうじ》
発 行 者　小川雄一
発 行 所　株式会社 誠文堂新光社
〒113-0033 東京都文京区本郷 3-3-11
電話 03-5800-5780
https://www.seibundo-shinkosha.net/
印 刷 所　株式会社 大熊整美堂
製 本 所　和光堂 株式会社

ISBN978-4-416-62149-3